BOB NORTON / CATHY SMITH

Erfolgreich kommunizieren mit Internet & Co.

in 7 Tagen

Die Kommunikations- revolution beherrschen

Arbeitstechniken reorganisieren

Den virtuellen Arbeitnehmer managen

Die Deutsche Bibliothek – CIP-Einheitsaufnahme

Norton, Bob:
Erfolgreich kommunizieren mit Internet & Co. : die Kommunikations-
revolution beherrschen, Arbeitstechniken reorganisieren, den virtuellen
Arbeitnehmer managen / Bob Norton / Cathy Smith. [Aus dem Engl.
übertr. von Birgit Wünsch]. –
Landsberg a.L. : mvg-verl., 1998
    (Business basics)
    Einheitssacht.: Understanding the virtual organisation in a week <dt.>
    ISBN 3-478-84507-6

Titel der englischen Originalausgabe: „Understanding the Virtual Organization
in a week"

Aus dem Englischen übertragen von Birgit Wünsch.

© 1998 mvg-verlag im verlag moderne industrie AG, Landsberg a.L.
Umschlaggestaltung: Felix Weinold, Schwabmünchen
Satz: Fotosatz Buck, Kumhausen
Druck- und Bindearbeiten: Ebner, Ulm
Printed in Germany 084 507/3984502
ISBN 3-478-84507-6

INHALT

Einführung 6

Sonntag   Was bedeutet „Virtuelle Organisation"? . . . 7

Montag   Organisationen erfinden sich neu 20

Dienstag   Die Kommunikationsrevolution 34

Mittwoch   Der virtuelle Arbeitsplatz 49

Donnerstag   Das neue Organisationsmodell 64

Freitag   Die menschliche Dimension 77

Samstag   Vorbereitung auf die Zukunft 90

Quellen/Literatur 98

Die virtuelle Organisation wird häufig als die Organisationsform der Zukunft propagiert. Das Konzept umfaßt – dank neuer Kommunikationstechnologien – eine Reihe von flexiblen Arbeitsmethoden. Unternehmen werden sich selbst immer weniger als feste Strukturen begreifen, sondern immer mehr als Netzwerke von Ressourcen, die unabhängig vom Standort je nach Bedarf zusammengestellt und wieder aufgelöst werden können. Zwar ließe sich hier einwenden, daß schon seit einiger Zeit Elemente der virtuellen Organisation vorhanden sind, beispielsweise in Form von Outsourcing und Heimarbeit, doch erst zum gegenwärtigen Zeitpunkt bildet sich ein zusammenhängendes, weiter verbreitetes Modell heraus. Diese Entwicklung basiert auf drei grundlegenden Faktoren:

1. Die Organisationsstrukturen und Managementkonzepte der Vergangenheit haben auf dem heutigen Markt mit seinen raschen und immer wiederkehrenden Veränderungen ihre Gültigkeit verloren.
2. Um darauf reagieren zu können, ist eine neue Art von Flexibilität notwendig, die die traditionellen Vorstellungen von Organisation und Management beeinflußt.
3. Technologien, die früher in unterschiedliche und voneinander getrennte Bereiche gespalten waren, sind heute dabei, sich zu vereinigen, um die von den Unternehmen geforderte Flexibilität zu ermöglichen.

Es ist das Ziel dieses Buches, Managern einen Einblick in die Trends zu geben, die zur Schaffung virtueller Organisationen und virtueller Arbeitsformen führen. Darüber hinaus geht es aber auch um die bereits bekannten und gebräuchlichen Aspekte wie Telearbeit, Outsourcing und strategische Allianzen.

Was bedeutet „Virtuelle Organisation"?

Wir haben uns zehn Fragen überlegt, anhand derer sich das grundlegende Konzept der virtuellen Organisation erklären läßt. Heute werden wir uns diese Fragen der Reihe nach vornehmen:

- Wie wird der Begriff definiert?
- Welche Aspekte sind bereits verwirklicht?
- Wie sieht die Organisation von morgen aus?
- Wann wird diese Veränderung stattfinden?
- Warum wird sie stattfinden?
- Wodurch könnte sie verzögert werden?
- Wie wird sie sich auf die Arbeit auswirken?
- Welche Vorteile bringt die virtuelle Organisation?
- Was sind die Gefahren?
- Inwiefern betrifft mich dieses Thema?

Wie wird der Begriff definiert?

In welcher Form auch immer sich das virtuelle Unternehmen letztlich präsentieren wird, das bestimmende Merkmal wird sicherlich die Flexibilität sein.

Society of Management Accountants of Canada

Den Kern des virtuellen Unternehmens wird die Information bilden.

Davidow und Malone

Bei virtuellen Organisationen ... ist es zur Erbringung ihrer Dienstleistung nicht notwendig, daß sich alle Beteiligten an einem Ort befinden, ja manchmal haben sie gar keinen festen Standort. Die Organisation existiert, aber sie ist unsichtbar. Es ist ein Netzwerk, kein Bürogebäude.

Charles Handy

Ein vorübergehendes Netzwerk unabhängiger Unternehmen, die durch Informationstechnologie verbunden sind, um ihre Fähigkeiten, Kosten und den Zugang zu ihren Märkten gemeinsam zu nutzen und zu tragen.

International Business Week

Virtuelle Organisationen werden auf dem Medium des Cyberspace beruhen und durch die neuen Entwicklungen auf den Gebieten der Computertechnik und der Kommunikation ermöglicht. Anfangs werden sie zunächst nur auf der Grundlage konventioneller organisatorischer Strukturen existieren.

Christopher Barnatt

Wie Sie sehen, gibt es keine eindeutige Definition der virtuellen Organisation. In diesem Buch wird sie als Oberbegriff für die verschiedenen Organisationsformen wie beispielsweise Telearbeit, Outsourcing und strategische Partnerschaften verwendet. Letztere sollen flexibler auf die Veränderungen des heutigen Marktes reagieren können und werden von vielen Unternehmen bereits verwirklicht.

Virtueller
CD-Player:
149,99 DM

Außerdem drückt dieser Begriff eine verborgene Realität aus – die Produkte und Dienstleistungen werden nicht mehr auf dem herkömmlichen Weg erzeugt. Der Begriff „virtuell" beinhaltet vielmehr die Vorstellung, daß eine Organisation, ein Team, eine Person nicht *körperlich präsent* ist, obwohl es vielleicht so *erscheint*. Auf diese Weise ist sie in der Wahrnehmung des Kunden gleichzeitig real und irreal.

Alle Experten sind sich jedoch einig, daß das Konzept der virtuellen Organisation bestimmte Schlüsselmerkmale besitzt:

- *Sie wird durch den Einsatz von Kommunikationstechnologien ermöglicht.* Die Computer- und die Telekommunikationstechnologie haben sich vereinigt, so daß nun normale PC-Systeme miteinander verbunden werden können, um einen Datenaustausch zwischen Personen zu ermöglichen, die sich an verschiedenen Orten befinden. Die elektronische Umgebung innerhalb und zwischen den Computer- und Kommunikationssystemen, in denen die Informationen ausgetauscht werden und allen zur Verfügung stehen, wird als *Cyberspace* bezeichnet. Diesen Begriff prägte der amerikanische Schriftsteller William Gibson in seinem futuristischen Roman *Neuromancer* (deutsche Ausgabe erschienen im Heyne-Verlag, 1992).
- *Sie schafft die Voraussetzungen für verschiedene Formen von organisatorischer Flexibilität,* die nicht mehr den traditionellen Beschränkungen von Zeit und Raum unterworfen sind. Dieser Prozeß umfaßt sowohl Methoden wie funktionsübergreifende Teams, Outsourcing und die Telearbeit innerhalb einer Firma als auch strategische Partnerschaften und vorübergehende Allianzen zwischen verschiedenen Unternehmen.
- *Sie erfordert mehr Vertrauen,* weil die Menschen einen Großteil der Zeit ohne Aufsicht und Kontrolle durch ihre Mitarbeiter und Vorgesetzten arbeiten werden. Diese Tatsache hat große Auswirkungen auf das Verhältnis zwischen Arbeitgeber und Angestellten und ebenso auf die Geschäftsbeziehungen zwischen den Unternehmen.

Welche Aspekte sind bereits verwirklicht?

Man könnte sagen, daß es virtuelle Organisationen – ohne die heutigen technologischen Aspekte – eigentlich immer gegeben hat. Ein gutes Beispiel sind kleine Firmen, die zwar auf dem Papier eine klare und unverwechselbare Identität, aber keine Büroräume besitzen. In solchen Firmen arbeitet der Eigentümer oft zu Hause in einem zum Büro umfunktionierten Zimmer seiner Wohnung, im Büro seiner Kunden oder sogar nur in seinem Auto, mit dem er seine Kunden besucht. Er hat eventuell eine Sekretärin, die in ihrer eigenen Wohnung an einem kleinen Schreibtisch arbeitet, und bei Bedarf beschäftigt er weitere freiberufliche Mitarbeiter.

Größere Unternehmen setzen ebenfalls häufig Personen ein, die zu Hause arbeiten, und es ist inzwischen üblich, daß ihre Vertriebsteams einen großen Teil ihrer Arbeitszeit nicht im Büro, sondern alleine unterwegs und ohne Aufsicht verbringen. Periphere Geschäfte, wie beispielsweise Catering oder Fuhrparkmanagement, werden schon seit Jahren per Outsourcing an andere Firmen delegiert, und einige Unternehmen lassen erfolgreich den größten Teil oder sogar die gesamte Fertigung per Outsourcing von anderen Firmen erledigen und können sich so voll auf ihre Kernkompetenz im Bereich des Marketing konzentrieren.

Auch die Zahl der strategischen Allianzen wächst stetig, und die Idee vorübergehender Partnerschaften, bei denen mehrere Unternehmen nur für ein bestimmtes Projekt zusammenarbeiten, ist ebenfalls nicht erst jetzt entstanden – als Beispiele lassen sich hier die Film-, Verlags- und Modebranche nennen.

Wirklich neu ist hingegen, daß nun die entsprechende Technologie existiert, mit der solche Aktivitäten erleichtert und ausgedehnt werden können. Heute können die Menschen schnell und bequem Informationen austauschen und in Kontakt bleiben. Zeit und Entfernung, die früher inakzeptable Verzögerungen und Kosten bedingten oder manches einfach unmöglich machten, stellen nun kein Hindernis mehr dar. Unternehmen können mit den eigenen Mitarbeitern kommunizieren, die außerhalb der Geschäftsräume arbeiten, aber auch mit anderen Firmen, seien es Zulieferer, Kunden, Partner oder sogar Wettbewerber.

Wie sieht die Organisation von morgen aus?

Es läßt sich hier kein allgemeingültiges Modell darstellen. Jedes Unternehmen wird jeweils nur bestimmte, zur Firma passende Aspekte der virtuellen Organisation umsetzen. Daher wird es verschiedene Grade von Virtualität geben: Firmen, die auf Dienstleistungen und Informationen beruhen, werden sich im Cyberspace eher zu Hause fühlen und ihre Geschäfte dort tätigen, Fertigungsbetriebe werden dagegen weiterhin greifbare Güter produzieren und sie tatsächlich ausliefern, selbst wenn die geistige Arbeit, die zur Herstellung des Produkts geleistet werden muß, eine virtuelle Aktivität sein kann.

Es gibt jedoch einige Trends, die sich während der letzten zehn Jahre herauskristallisiert haben und die erkennen lassen, welche Richtung die Unternehmen bei ihrer Entwicklung einschlagen:

- Unternehmensstrukturen werden eher horizontal als vertikal und eher veränderlich als statisch sein.
- Teamarbeit wird verstärkt eingesetzt werden, besonders funktions- und sogar unternehmensübergreifende Teamarbeit.
- Personen werden mobiler werden, und zwar sowohl innerhalb einer Organisation als auch zwischen verschiedenen Organisationen.
- Telearbeit und andere flexible Arbeitsformen werden häufiger eingesetzt werden. Sie entwickeln sich durch die Fortschritte in der Computertechnik und der Telekommunikation weiter.
- Unternehmen werden stärker zusammenarbeiten, um sich Zugang zu neuen Märkten zu verschaffen.
- Unternehmen werden sich auf ihre Kernkompetenzen konzentrieren und Randbereiche per Outsourcing an andere Firmen vergeben.

• Unternehmen werden lern- und anpassungsfähiger werden, um ihre Wettbewerbsvorteile langfristig aufrechtzuerhalten.

Am Donnerstag und am Samstag werden Sie das zukünftige Organisationsmodell ausführlicher kennenlernen. Sie finden dort Hinweise, wie ein Unternehmen seine Entwicklung selbst bestimmen kann.

Wann wird diese Veränderung stattfinden?

In den nächsten fünf bis zehn Jahren werden die Faktoren zusammentreffen, die zur Entstehung virtueller Unternehmen im eigentlichen Sinne führen werden. Einige davon sind bereits heute gegeben:

• Die Technik ist inzwischen so weit entwickelt, daß solche Organisationsformen möglich werden.
• Die oben genannten Trends sind bereits ausgereift und werden zu charakteristischen Merkmalen von Virtualität.
• Die Probleme, wie beispielsweise der Loyalitätsverlust bei den Angestellten, die durch den starken Arbeitsplatzabbau und das Schlagwort des „schlanken Unternehmens" in den 80er und 90er Jahren aufgeworfen wurden, werden nun endlich diskutiert, und es werden Lösungen dafür gesucht.
• Die jüngeren Manager, die im Zeitalter der PCs aufgewachsen sind, arbeiten sich nun in einflußreiche Positionen hoch.

Bereits jetzt arbeiten einige Menschen nach dem Konzept des virtuellen Unternehmens. In der Zukunft werden viele Mitarbeiter von ihren Organisationen sogar gezwungen werden, ihre Arbeitsgewohnheiten zu ändern, da diese die neue Flexibilität und Kostenwirksamkeit ausnützen wollen. Bevor der Übergang zu virtuellen Organisationen stattfinden kann, sind jedoch noch viele Fragen zu diskutieren und Probleme zu lösen. Dabei geht es hauptsächlich um die Bereitschaft der Gesellschaft, der Unternehmen und der Individuen, die erforderlichen Veränderungen zu akzeptieren.

Warum wird sie stattfinden?

Es gibt viele Gründe für den Trend in Richtung Virtualität:

- Die Notwendigkeit, schnell auf Veränderungen zu reagieren und den Zeitrahmen zwischen der Entwicklung und der Vermarktung neuer Produkte so weit wie möglich zu verkürzen
- Die Geschwindigkeit der Veränderungen auf dem Markt und in der Technik ist so hoch geworden, daß ein Unternehmen alleine nicht mehr mit ihr Schritt halten kann
- Das steigende Bildungsniveau der Verbraucher, die für ihr Geld Qualität, Auswahl und Gegenwert verlangen

- Der Zusammenfluß der Informationstechnologien, der dazu führt, daß auf produktivere und flexiblere Art und Weise mehr Arbeit von weniger Menschen erledigt werden kann
- Die zunehmende Bedeutung der Einzelperson, für die die Bindung an den eigenen Beruf wichtiger ist als die Loyalität gegenüber einer Organisation und für die das Privatleben mindestens den gleichen Stellenwert hat wie das Berufsleben

- Das Verschwinden der sicheren „Anstellung auf Lebenszeit" und des garantierten Aufstiegs auf der Karriereleiter
- Der Trend zu höherer Mobilität und größerer Flexibilität innerhalb der Arbeitsplätze
- Der Übergang von einer Wirtschaft, die auf Fertigung und Produktion beruht, zu einer Wirtschaftsstruktur, die auf der Grundlage der Information beruht

Diese Trends werden während dieser Woche ausführlich beleuchtet.

Wodurch könnte sie verzögert werden?

Folgende drei Haupthindernisse erschweren die Entwicklung virtueller Organisationen:

1. Mängel in der vorhandenen Hard- und Software-Infrastruktur
2. Die Einstellung der Unternehmen und ihres Managements gegenüber Menschen und Technik
3. Das Sträuben des einzelnen gegen einen flexibleren Arbeitsansatz

Mängel in der vorhandenen Hard- und Software-Infrastruktur
Obwohl die Leistung der Computer in Riesenschritten wächst, gibt es weiterhin Herausforderungen auf diesem Gebiet:

- Die gegenwärtige Schnittstelle zwischen Mensch und Computer ist veraltet (bereits vor Jahrzehnten wurden die Tastaturen auf eine Art und Weise gestaltet, die die Arbeit der Schreibkräfte verlangsamt, die Bildschirmtechnologie befindet sich zum Teil noch auf Vorkriegsniveau und sogar die Maus ist nun schon 20 Jahre alt).
- Es besteht hoher Bedarf an einer grafischen Darstellung von Informationen, so daß Manager Probleme schnell erkennen können, ohne seitenlange Texte lesen zu müssen.

- Es müssen Konzepte zur Schulung der nächsten User-Generation entwickelt werden, da die Technologie im Vergleich zu heute Leistungen ungeahnten Ausmaßes erreichen wird.
- Die nationalen Regierungen investieren nicht viel und schnell genug in moderne Kommunikation. Datenaustausch findet immer mehr über Glasfaserkabel und Satellitenverbindungen statt, von denen sehr viele von nichtstaatlichen Unternehmen finanziert werden. Aufgrund der mangelnden Bereitstellung von Investitionsmitteln durch die Regierungen sind viele Kommunikationsverbindungen – hauptsächlich die des Internet – noch zu langsam. Schnelle Verbindungen sind jedoch Voraussetzung für das Konzept der virtuellen Organisation.

Die Einstellung der Unternehmen und ihres Managements gegenüber Menschen und Technik
In den meisten Organisationen herrscht immer noch eine *Befehls- und Überwachungsstruktur* vor. Viele Manager fürchten, daß eine flexible Arbeitseinteilung in ein Chaos führen wird – daß die Angestellten nicht da sind, wenn sie gebraucht werden, oder daß sie nicht ihre eigentlichen Aufgaben erledigen, für die sie eingestellt wurden. Obwohl die Verantwortung des einzelnen wächst, ist es immer noch schwer, jemandem zu vertrauen, den man nicht sieht.

Die Arbeitsleistung eines einzelnen wird außerdem hauptsächlich an der Zeit gemessen, die ein Mitarbeiter im Büro *anwesend* ist, und das führt dazu, daß die Angestellten abends lange im Büro bleiben, ob sie nun effektiv etwas leisten oder nicht. Es müssen also neue Methoden für das Management nicht anwesender Arbeitskräfte entwickelt werden, die vor allem auf effektiver Kommunikation und der Fähigkeit zur Organisation der Arbeit beruhen.

Manager haben manchmal auch nicht genügend technische Kenntnisse und wissen zuwenig über die Möglichkeiten, die die Technik eröffnet. Wer in der Vergangenheit schlechte Erfahrungen mit Projekten auf dem Gebiet der Informationstechnologie (IT) gemacht hat, steht ihr naturgemäß skeptisch gegenüber.

Das Sträuben des einzelnen gegen mehr Flexibilität
Die meisten Menschen waren bis vor kurzem an sichere, langfristige Arbeitsverhältnisse gewöhnt, mit denen sie ihre Familien und ihr Leben finanzieren konnten. Daher ist es für den einzelnen schwer, seine gesamte Lebensweise auf den Kopf zu stellen und Vertrauen zu dem Konzept der *auftragsgebundenen Arbeit*, d.h. zur Arbeit auf Zeit für bestimmte Projekte, zu entwickeln.

Die Unternehmen müssen ihre Angestellten unterstützen, sich für diese neue Arbeitswelt zu rüsten. Eine lebenslange Anstellung wird in absehbarer Zeit nicht mehr garantiert werden können, jeder wird sich selbst um sein berufliches Fortkommen kümmern müssen, die Beziehungen zu Kollegen werden unpersönlicher und wechselhafter werden. Eine solche Unterstützung muß z.B. in der Entwicklung von Fähigkeiten in den Bereichen Computer, Sprachen, Teamarbeit und Kommunikation bestehen.

Wie werden sich diese Entwicklungen auf Ihre Arbeit auswirken?

Sie werden weder jeden Tag von 9.00 bis 17.30 arbeiten müssen, noch werden Sie an einen bestimmten Arbeitsplatz gebunden sein. Sie sitzen nicht mehr unbedingt in der Nähe der Mitarbeiter, deren Vorgesetzter Sie sind oder mit denen Sie zusammenarbeiten. Es ist unwichtig, ob diese sich in einem anderen Teil des Gebäudes oder auf der anderen Hälfte der Erdkugel befinden.

Sie haben auch nicht mehr nur einen Routinejob, sondern sind an mehreren Projekten gleichzeitig beteiligt und arbeiten mit unterschiedlichen Teammitgliedern aus den verschiedensten Fachrichtungen zusammen. Diese Teams bilden sich je nach den Anforderungen der Organisation und lösen sich dann wieder auf. Ihr Arbeitsplatz ist nicht mehr so sicher, aber Sie genießen größere Verantwortung sowie mehr Vertrauen und können Eigeninitiative entwickeln, da es keine strengen Regeln, sondern nur noch Richtlinien gibt.

Sie müssen sich weitgehend selbst motivieren und auch Ihre berufliche Weiterentwicklung selbst in die Hand nehmen. Ihre Fähigkeiten und Ihr Wissen, nicht zuletzt auf dem Gebiet der Technologie, sollten Sie ständig erweitern und auf dem neuesten Stand halten.

Welche Vorteile bringt die virtuelle Organisation?

Sie kann zu folgenden Verbesserungen führen:

- Die Entfernung spielt bei Arbeit, Tagungen, Gemeinschaftsprojekten und Konferenzen keine Rolle mehr.
- Natur- und andere Katastrophen, wie Brände, Bombenangriffe und Erdbeben, und auch Störungen, wie Streiks von Verkehrsbetrieben, haben nur noch minimale Auswirkungen, da die Geschäftsaktivitäten nicht mehr in einem Gebäude bzw. an einem Standort konzentriert sind.

- Die humanen Aspekte der Arbeit werden stärker betont, da die mechanischen und repetitiven Tätigkeiten vermehrt wegfallen.
- Die Produktivität wird wesentlich erhöht.
- Die Kosten für Büromieten werden durch die Einführung verschiedener Formen flexibler Arbeit drastisch reduziert.
- Die Umwelt wird entlastet, da die Wege zur Arbeit verkürzt werden bzw. wegfallen.
- Die Qualität für den Kunden steigt.

Weitere Vorteile der virtuellen Organisation werden am Samstag dargestellt.

Was sind die Gefahren?

- Da Privat- und Arbeitsleben nicht mehr so streng getrennt sind, kann der Streßpegel steigen.

- Es kann zur sozialen Isolierung der Mitarbeiter kommen, da Anregungen durch persönlichen Kontakt und Feedback fehlen.
- Wenn die Beziehung zwischen Arbeitgeber und Arbeitnehmer nicht neu gestaltet wird, werden sich die (virtuellen) Arbeitskräf-

te – und damit ihr wertvolles Wissen – nicht mehr an eine Organisation gebunden fühlen und ihre Fähigkeiten an den Meistbietenden verkaufen. Daraus entsteht eine starke Fluktuation der Arbeitskräfte, die sich negativ auf den Erfolg von einzelnen Unternehmen auswirken kann.

- Mitarbeiter, die nicht an den Kernprozessen beteiligt sind und nicht am Kernwissen teilhaben, werden eventuell an den Rand gedrängt. Diese Personen, die ihre Arbeitskraft immer noch eher körperlich als virtuell einbringen, müssen unbedingt geschult, einbezogen und unterstützt werden. Wenn man sich nicht in der gleichen Weise um die kleineren selbständigen Vertragspartner außerhalb der Organisation kümmert, wird die virtuelle Organisation zu einer Spaltung der Gesellschaft führen.

Inwiefern betrifft mich dieses Thema?

Die Virtualität in den Organisationen verändert bereits heute die Art und Weise, wie Geschäfte getätigt werden. Daher ist es wichtig, sich früher oder später mit der Frage zu befassen, wie Ihr Unternehmen ohne die traditionellen Beschränkungen von Zeit, Ort und physischen Ressourcen arbeiten kann. Sie müssen genügend Kenntnisse besitzen, um die Vorteile und Probleme, die die Virtualität mit sich bringt, beurteilen und Ihr Unternehmen so positionieren zu können, daß es mit den Veränderungen und dem Wettbewerb auf den Märkten Schritt hält. Es genügt nicht, die Möglichkeiten der neuen Technologien zu kennen, sondern man muß auch die Arbeitsmethoden, Strukturen und Managementprozesse neu bewerten.

Zusammenfassung

Sie haben heute die verschiedenen Bedeutungen des Konzepts der „virtuellen Organisation" betrachtet, die Wirkung der Virtualität auf Organisationen und Personen – heute und in Zukunft – kennengelernt und einen Vorgeschmack auf die Vorteile und Gefahren erhalten, die mit ihr verbunden sind.

Organisationen erfinden sich neu

Heute geht es um einige der Veränderungen, die sich in den letzten drei Jahrzehnten auf dem Markt abgespielt haben, und um die Reaktionen der Unternehmen darauf. Die Neuorientierung der Organisationen anhand neuer Managementprozesse und -strukturen sowie die Auswirkungen auf ihre Angestellten sind die heutigen Themen. Diese Veränderungen sind wichtig für die virtuelle Organisation, denn sie führen dazu, daß sowohl die Firmen als auch die Angestellten anpassungsfähiger werden. Dies ist die Grundlage noch größerer Flexibilität und Beweglichkeit, die die virtuelle Organisation verlangt. Die wichtigsten Aspekte sind unter anderem:

- Veränderungen auf dem Markt
- Streben nach Qualität
- Verschlankung der Unternehmen
- Kernkompetenzen
- Outsourcing
- Neustrukturierung der Geschäftsprozesse
- Schnellere Entwicklung und Vermarktung
- Teamarbeit
- Übertragung von Verantwortung

Veränderungen auf dem Markt

Der stabile und einheitliche Zustand des Marktes hat sich in den letzten Jahrzehnten in einen veränderlichen und variablen Zustand verwandelt. Betrachten Sie die folgenden Entwicklungen:

- Die Welt ist kleiner geworden, da das Reisen billiger und die Telekommunikation leistungsfähiger geworden sind, das Fernsehen uns die Welt ins Wohnzimmer bringt, und die Computer-Netzwerke immer weitreichendere Verbindungen schaffen.

- Die Märkte sind global geworden und bieten alle Arten von Konsumprodukten. Jedes Produkt kann auf allen Märkten dieser Erde verkauft werden.

- Die Kunden sind anspruchsvoller geworden. Sie wollen Qualität, Auswahl, erkennbaren Gegenwert für ihr Geld, guten Service und schnelle Lieferung.
- Der Wettbewerb zwischen den Unternehmen ist hart geworden, Märkte sind leichter zugänglich und Produkte veralten sehr schnell.
- Die technologischen Veränderungen finden in rasanter Geschwindigkeit statt, so daß ein Unternehmen alleine oft nicht Schritt halten kann.

Die Firmen reagieren auf diese Trends, indem sie ihre Marktstrategien nicht mehr so stark auf Produkte konzentrieren, sondern darauf, die Bedürfnisse der Kunden zu erfüllen und ihre Wettbewerbsfähigkeit zu erhöhen. Wettbewerbsfähigkeit beruht auf der Fähigkeit eines Unternehmens, bessere Produkte und Dienstleistungen billiger, schneller und zuverlässiger anzubieten als die Konkurrenz. Welche Methoden lassen sich beim Streben nach Wettbewerbsfähigkeit einsetzen?

Streben nach Qualität

Für viele Organisationen bedeutet das Streben nach besseren Produkten und Dienstleistungen das Streben nach mehr Qualität. Dies führte zu folgender Entwicklungsreihe:

- *Qualitätskontrolle* – Lernen aus bereits gemachten Fehlern
- *Qualitätskreisläufe* – Beteiligung der Mitarbeiter an Korrektur und Verbesserung
- *Qualitätssysteme* – Orientierung an internationalen Abläufen, um ein bestimmtes Leistungsniveau zu garantieren
- *Benchmarking* – Orientierung an den Standards, Zielen und Leistungen der Marktführer
- *Total Quality Management* – Eine allumfassende Philosophie, bei der die Gesamtheit der Beschäftigten eines Unternehmens eine Reihe von Methoden anwendet, um das Ziel einer ständigen Verbesserung der Qualität für den Kunden zu verwirklichen

Verschlankung der Unternehmen

Nachdem die Märkte so schnellen Veränderungen unterworfen wurden, hat sich herausgestellt, daß große Organisationen zu unbeweglich waren und sich nicht schnell genug anpassen konnten. Eine der ersten Reaktionen auf die Notwendigkeit, Kosten zu reduzieren, Prozesse innerhalb der Organisation zu beschleunigen und mehr Nähe zum Kunden zu suchen, war der *Abbau von Hierarchieebenen*. Der Trend geht kontinuierlich dahin, die Anzahl der Beschäftigten und der Hierarchieebenen im Management zu verringern, wenn auch in letzter Zeit nicht mehr so stark wie noch vor wenigen Jahren.

Aufgrund dieses *Downsizing* wurden manche Unternehmen profitabler, leistungsfähiger und wieder stärker auf die Kunden ausgerichtet. Leider führte dieser Prozeß manchmal aber auch zur „betriebli-

chen Magersucht": Die übriggebliebenen Mitarbeiter sind überarbeitet, fühlen sich demotiviert und unsicher.

In einigen Unternehmen war das Downsizing jedoch nicht das Ergebnis kurzsichtiger Kosteneinsparungsübungen, sondern einer Neudefinition des Kerngeschäfts und einer Entscheidung darüber, wo die Zukunft des Unternehmens liegt und wie es dorthin gelangt.

Kernkompetenzen

Um die Faktoren zu verstehen, die einem Unternehmen zu einer wettbewerbsfähigen Position verhelfen, muß man analysieren, was diese Organisation *besser* kann als andere. Die Antwort auf diese Frage führt zu den Schlüsselaktivitäten des Unternehmens.

Das *Konzept der Kernkompetenzen* betrachtet eine Organisation nicht als ein Portfolio aus Produkten und Dienstleistungen, sondern als ein System von Aktivitäten, von denen einige wichtiger sind als andere. Deren Identifizierung hat nicht unbedingt nur das Endprodukt im Blick, sondern auch die einzelnen Bausteine.

Kernkompetenzen können nicht einfach nach Wunsch fallengelassen und wieder aufgehoben werden. Man braucht Jahre, um sie heranzubilden und zu erhalten. In diesem Prozeß gibt es vier wichtige Stadien:

1. *Identifizierung.* Bei der Identifizierung der Schlüsselaktivitäten einer Organisation geht es um folgende Fragen:

- Wie wichtig ist X als Vorteil für den Kunden? Handelt es sich wirklich um eine wesentliche Verbesserung des Endprodukts, die der Kunde wahrnimmt?
- Bietet X die Möglichkeit mehrfacher Anwendungen und des Zugangs zu mehreren Märkten?
- Wenn wir unsere Stärke auf dem Gebiet X verlieren, können wir dann in der Zukunft unsere Wettbewerbsfähigkeit erhalten?
- Wie schwer ist es für andere, X nachzuahmen und direkt mit uns zu konkurrieren?

2. *Konsens.* In die Entwicklung und Erneuerung von Kernkompetenzen müssen viele Ressourcen und Energie investiert werden. Daher muß sich die Leitung der Firma über das Gebiet einig sein, auf das sich alle Anstrengungen konzentrieren sollen. Das bedeutet eine Übereinkunft beim Festlegen der Ziele des gesamten Unternehmens, und das bedeutet auch, sich bewußt zu sein, daß eine Kernkompetenz alle damit zusammenhängenden Entscheidungen und Handlungen steuert.

3. *Organisation.* Die Aufgabe der Unternehmensleitung ist die Identifizierung und Entwicklung der Schlüsselaktivitäten, die zum einen einmalig und schwer nachzuahmen sind und zum anderen im Unternehmen verstärkt ausgebaut werden können. Alle anderen Aktivitäten sind untergeordnet zu organisieren. Die Kompetenzen müssen ständig gestärkt werden, sie erfordern stetiges Feedback, und das Management muß darauf achten, daß sie immer den größtmöglichen Nutzen liefern.

4. *Eine nach außen gerichtete Perspektive.* Die Märkte verändern und entwickeln sich immer weiter und erfordern Anpassung und

Verbesserungen. Wer sich hierbei zu sehr auf die Möglichkeiten der eigenen Organisation konzentriert, wird nicht alles, was für den Erfolg am Markt notwendig ist, innerhalb der eigenen Organisation finden. Manche Unternehmen richten daher ihren Blick nach außen, sogar auf die Konkurrenz, um Partnerschaften und Allianzen zu formen, die beiden Partnern bei den Kosten der Entwicklung und der Einführung neuer Produkte auf neuen Märkten Vorteile bringen. Mitarbeiter werden dazu ermuntert, auf dem neuesten Stand zu bleiben, indem sie mit Kollegen in anderen, rivalisierenden Unternehmen Kontakte knüpfen. In manchen Fällen kann dies auch über informelle Kontakte hinaus zu einer Zusammenarbeit bei einem bestimmten Projekt oder zu einem bestimmten Zweck führen, bei der jeder Partner seine Kernkompetenzen einbringt. Um diese Art von Partnerschaft und Zusammenarbeit geht es am Dienstag.

Outsourcing

Anhand der Identifizierung von Kernkompetenzen kommt man u.a. zu dem Ergebnis – über Outsourcing – mit sorgfältig ausgewählten Partnern zusammenzuarbeiten, die eine zusätzliche Bereicherung für das Unternehmen darstellen können: Man sollte das tun, was man am besten kann, und den Rest nach außen vergeben. Verschiedene Bereiche bieten sich für Outsourcing an: Logistik, Werbung, Sicherheit, Dienstleistungen, Öffentlichkeitsarbeit, Buchhaltung, Schulungen und Informationsverarbeitung – alles, wofür das eigene Unternehmen nicht genügend Ressourcen und/oder Know-how hat, oder was z.B. nur in unregelmäßigen Zeitabständen oder mit unterschiedlich hohem Arbeitsumfang erledigt werden muß. Gängig ist das Outsourcing bereits seit einiger Zeit in der Automobilindustrie, hier leben ganze Branchen von der Zulieferung.

Wichtig ist, daß man die für die Zukunft des Unternehmens lebenswichtigen Bereiche festlegt. Das ganze Ausmaß der jeweiligen Aktivität muß unbedingt bekannt sein. Inwieweit spielt z.B. die Buchhaltung eine erheblich größere Rolle als nur die des Finanzmanagements? Wie groß ist die Bedeutung von Schulungen für die Weiterbildung im Unternehmen? Durch zu umfangreiches Outsourcing kann die Widerstandsfähigkeit eines Unternehmens geschwächt werden – es macht sich von den ausführenden Firmen u.U. zu abhängig –, und auch die Integration von Funktionen und Prozessen sowie die Fähigkeit, zu lernen und sich zu entwickeln, können darunter leiden.

Unternehmen ergreifen gern die Gelegenheit zu höherer finanzieller Flexibilität, die durch die Verringerung der Gemeinkosten erreicht wird, und wollen von der höheren Leistungsfähigkeit profitieren, die durch die Abgabe bestimmter Aktivitäten an spezialisierte Drittunternehmen entsteht. Doch schlanker heißt nicht unbedingt leistungsfähiger. Bestimmte Funktionen und Abteilungen werden häufig per Outsourcing nach außen vergeben, weil das zugehörige Aufgabengebiet kompakt und leicht abzugrenzen ist, doch in dem Streben nach Flexibilität und Kosteneinsparung wird das Outsourcing leicht zum Selbstzweck.

Wenn Sie das Outsourcing bestimmter Funktionen erwägen, beachten Sie die folgenden neun goldenen Regeln:

1. Analysieren Sie Ihre gegenwärtigen Stärken und Schwächen.
2. Informieren Sie sich über das volle Ausmaß der Aktivitäten jeder Abteilung und deren Funktion.
3. Berücksichtigen Sie Motivation und Sicherheit der Mitarbeiter.
4. Finden Sie heraus, wie andere Unternehmen diese Bereiche handhaben.
5. Geben Sie nur die Abwicklung bestimmter Aufgaben nach außen, aber behalten Sie die Verantwortung dafür im Unternehmen.
6. Wählen Sie Ihren Partner sehr sorgfältig aus.
7. Springen Sie nicht ins kalte Wasser, sondern vereinbaren Sie eine Probezeit.

8. Geben Sie niemals das strategische, finanzielle oder kunden-
   bezogene Management nach außen.
9. Wiederholen Sie Schritt 3.

Neustrukturierung der Geschäftsprozesse

Im Gegensatz zum Outsourcing liegt hier der Schwerpunkt genau
genommen bei Prozessen, Aktivitäten und funktionsübergreifenden
Verknüpfungen, deren Wert oft nicht erkannt wird, wenn man die
Organisation rein funktions- oder hierarchiebezogen betrachtet.
Das Ziel von *Business Process Re-engineering* liegt im Aufspüren
von Verbesserungsmöglichkeiten für die Qualität, den Kundendienst und die Kosten. Dabei konzentriert man sich hauptsächlich
auf die Prozesse und nicht auf allgemeine Funktionen oder einzelne Aufgaben. In den 90er Jahren hat es sich als sehr beliebter An-
satz erwiesen.

Allerdings gibt es große Mißverständnisse darüber, was das Re-engineering einschließt, und was sich damit erreichen läßt: Es kann
auf eine Organisation beachtliche Auswirkungen haben. Die Befür-
worter argumentieren sogar, daß radikale Veränderungen herbeige-
führt werden müssen, wenn die entsprechende sprunghafte Lei-
stungssteigerung erzielt werden soll. Wie das Total Quality Management (TQM), so erfordert auch Re-engineering eine starke Bereitschaft zu Problemlösung und Teamarbeit. Voraussetzungen sind
diskontinuierliches Denken und Abkehr von altvertrauten Annah-
men und Routine.

Stark vereinfacht lassen sich die grundlegenden Schritte des Re-engineering wie folgt zusammenfassen:

1. Was genau soll dem Re-engineering unterzogen werden? Vergewissern Sie sich, daß die Ziele übereinstimmend festgelegt werden und daß sie realistisch und meßbar sind.
2. Analysieren Sie zuerst diejenigen Prozesse, die zur Unzufriedenheit von Kunden geführt haben.
3. Entscheiden Sie, ob die Herstellungskosten, die Produktionszeit oder die Qualität der Endprodukte verbessert werden sollen.
4. Einigen Sie sich auf Leistungsindikatoren, an denen die Verbesserungen gemessen werden können.
5. Planen Sie genügend Zeit für die Prozeßanalyse ein.

Das Streben nach einer Neugestaltung der Effizienz und Effektivität von Prozessen resultiert aus der Erkenntnis, daß flexible und variable Prozesse zu flexiblen und variablen Ergebnissen bzw. Produkten führen. Hinzu kommt, daß Kunden nicht nur höchste Qualität zum niedrigsten Preis, sondern das Produkt auch noch möglichst schnell haben wollen.

Schnellere Entwicklung und Vermarktung

Während die Produktionsstraßen der Vergangenheit noch in Lagerhäuser mit Gütern mündeten, die nicht zu einem bestimmten Termin verkauft sein mußten, hat sich der heutige Produktionsprozeß auf die Bedürfnisse eines vielseitigen und ständig wechselnden Marktes eingestellt, der dadurch gekennzeichnet ist, daß Produkte schnell veralten und immer rechtzeitig geliefert werden müssen.

Bei der *Just-in-time-Fertigung* wird die Informationstechnologie eingesetzt, um die Produktion mit der Logistik zu koppeln. Dadurch wird die Lagerhaltung minimiert und die Distribution effizienter gestaltet. Die Fertigungssysteme brauchen heute nicht mehr Wochen oder Monate, um aus einer am Computer entwickelten Konstruktionszeichnung ein Produkt herzustellen, sondern nur noch Tage.

Neue Methoden wie *Lean-Production, Simultaneous Engineering* (die gleichzeitige Konstruktion von Produkten und von Maschinen zu ihrer Herstellung) und *Fast-track Development* (beschleunigte Entwicklungsverfahren) setzen die Informationstechnologie ein, um den Herstellern am Markt einen Vorsprung vor den Wettbewerbern zu verschaffen.

Da der Lebenszyklus von Produkten immer kürzer wird, müssen sich die Hersteller in ihren Kontakten mit Kunden ständig über die Leistung und Lebensdauer ihrer Produkte informieren. Darüber hinaus ist es erforderlich, die Entwicklungszeiten weiter zu verkürzen. Nicht mehr nur die Vermarkter, sondern auch die Hersteller selbst müssen den engen Kontakt zu den Kunden suchen, und zwar in Beziehungen, die der Zusammenarbeit in einem Team schon sehr nahe kommen.

Teamarbeit

Ein Team ist eine Gruppe von Personen mit gemeinsamen Zielen, zu deren Erreichung sie zusammenarbeiten müssen, und für die sie gegenseitig verantwortlich sind. Bei der Teambildung haben sich drei deutliche Trends herauskristallisiert:

1. Sie geht immer schneller vonstatten. In einer kürzlich durchgeführten Umfrage der britischen *Industrial Society* haben 86 % der Befragten angegeben, daß in ihren Organisationen in den letzten zwei bis drei Jahren die Investitionen in die Bildung von Teams wesentlich gestiegen sind und dieser Trend anhalten wird.
2. Durch die flacheren Hierarchien bei den Organisationen wird die Bildung von funktionsübergreifenden Teams ermöglicht, die nun die früher starren Funktionsgrenzen überschreiten.
3. Wenn die Teams mehr Fähigkeiten und mehr Verantwortung entwickeln, fangen sie an, *sich selbst zu steuern*. Der Manager übernimmt dabei eine fördernde bzw. beratende Rolle.

Selbstgesteuerte Teams
Solche Teams zeichnen sich durch folgende Eigenschaften aus:

- *Gemeinsame Führung.* Die einzelnen Mitglieder übernehmen je nach Eignung und Fähigkeiten abwechselnd die Leitung des Teams.
- Die Mitglieder sind *voneinander abhängig.* Sie können zur Erledigung ihrer Aufgaben bei Bedarf sowohl eigenständig arbeiten als auch mit anderen zusammenarbeiten und sich auf die anderen verlassen.
- Es herrscht das Gefühl, daß *jeder einzelne zählt.* Jedes Teammitglied muß die Möglichkeit haben, seine Rolle mitzubestimmen, und alle müssen ihre Beziehungen untereinander festlegen können.
- Teammitglieder fühlen sich als *Miteigentümer.* Je besser die Angestellten das Ziel des Teams verstehen und wertschätzen, desto effektiver arbeitet das Team. Jeder muß die Freiheit haben, zu lernen und seinen Beitrag zu erbringen.
- Jeder hat seine *klar umrissene Rolle.* Das bedeutet, daß jedes Teammitglied weiß, was von ihm erwartet wird und an wen es sich mit Problemen und Anregungen wenden kann.

• Ein Mitglied hat die *Mittlerfunktion* inne. Die- oder derjenige sollte die grundlegende Verantwortung zur Bestimmung der Richtung des Teams haben und wissen, an wen sie/er sich außerhalb der Gruppe wenden kann, um Probleme zu lösen.

Empowerment – Übertragung von Verantwortung

Als Ergebnis der Programme zur Schaffung flacher Hierarchien, zur Teambildung und zum Total Quality Management haben einige Unternehmen auch ernsthafte Anstrengungen unternommen, *ihren Mitarbeitern mehr Verantwortung zu übertragen.* Auf neudeutsch nennt sich dieser Prozeß auch „Empowerment". Dafür gibt es zwei Gründe: Zum einen wird der Service für die Kunden dadurch besser, und zum anderen soll dadurch die Kreativität aller Mitarbeiter gestärkt werden, um die Wettbewerbsfähigkeit des Unternehmens zu erhöhen. Die Entscheidungsprozesse werden auf niedrigere Ebenen übertragen, indem die einzelnen Mitarbeiter ein höheres Maß an Verantwortung übertragen bekommen.

Dieses Konzept sollte zur Unternehmenskultur werden, deren Erfolg oder Mißerfolg von der Einstellung und dem Verhalten der Manager und Angestellten abhängt. Wenn diese Kultur blühen soll, braucht man dazu einen Managementstil, der auf gegenseitigem Respekt, offener Kommunikation, unterstützender Führung und Verzicht auf Schuldzuweisungen beruht. Anstelle der bisherigen überwachenden Funktion wird der Manager eher anleiten und fördern sowie die Bedingungen, unter denen die Mitarbeiter ihre Verantwortung für ihre Arbeitsresultate akzeptieren und ernstnehmen, entwickeln und stabilisieren.

Wenn Sie den Angestellten mehr Verantwortung übertragen wollen, benötigen Sie bestimmte Fähigkeiten:

- Stellen Sie Informationen zur Verfügung und geben Sie sie an die Mitarbeiter weiter, die sie zur Erledigung ihrer Arbeit benötigen.
- Die Kommunikation muß so gestaltet werden, daß jeder einzelne ein Teil des Ganzen wird.
- Sie müssen helfend und beratend eingreifen, um die Entwicklung des einzelnen und der Organisation zu ermöglichen.
- Stärken Sie die Selbstachtung der Mitarbeiter, indem Sie ein Klima des gegenseitigen Respekts entwickeln und Verantwortung abgeben.
- Sie sollten Ziele setzen, die gleichzeitig herausfordernd und realistisch sind und über die eine allgemeine Übereinstimmung besteht.
- Fördern Sie die Geschäftsprozesse, indem Sie die Beteiligten miteinbeziehen.
- Stellen Sie die Ressourcen, Werkzeuge und die Verantwortung zur Verfügung, die zur Erledigung der Aufgaben notwendig sind.

Die Schaffung einer solchen Umgebung braucht Zeit. Die mittlere Managementebene muß von ihren eigenen Vorgesetzten mehr Verantwortung erhalten, bevor weiter delegiert werden kann. Die Angestellten übernehmen eventuell die Verantwortung und die Einbeziehung zunächst nur widerstrebend, besonders wenn sie den Ein-

druck haben, daß nur Schuldige gebraucht werden, falls etwas
schiefgeht.

Die Tragweite der neuen Managementmethoden

- Die Organisation weiß, was sie am besten kann.
- Unternehmen sind eher bereit, den Blick nach außen zu wenden
  und mit anderen Firmen zum beiderseitigen Vorteil zusammenzu-
  arbeiten.
- Die Firmenleitungen geben der Qualität ihrer Produkte und
  Dienstleistungen und der Zufriedenheit der Kunden Vorrang vor
  anderen Überlegungen.
- Einzelpersonen gewöhnen sich mehr und mehr an die Teamarbeit.
- Angestellte sind eher bereit, Verantwortung zu übernehmen und
  selbständig zu arbeiten.

Zusammenfassung

Heute haben Sie sich einige Grundlagen für das Management der
virtuellen Organisation angesehen. Morgen lesen Sie über einen
weiteren Schlüsselfaktor, die neuen Telekommunikationstechnolo-
gien.

Die Kommunikationsrevolution

Das Zusammenfließen zuvor getrennter Technologiezweige hat Mitte der 90er Jahre dazu geführt, daß Organisationen sowohl in ihrer Struktur als auch in ihrer Arbeitsweise flexibler geworden sind. In einigen Bereichen hat jedoch die Geschwindigkeit der technischen Veränderungen dazu geführt, daß die Unternehmenswelt bei weitem nicht mehr Schritt halten kann.

Heute geht es um die Entwicklungen, die die Kommunikation unternehmensintern und zwischen den Organisationen verbessern, und um deren Vorteile für die Unternehmen:

- Dimensionen der technologischen Veränderungen
- Telekommunikationsleitungen
- Internet
- Videokonferenzen
- Groupware
- Intranet
- Telefon
- Computerintegrierte Telefonsysteme

Dimensionen der technischen Veränderung

Sehen Sie sich folgende Trends an:

- *Leistung*: Die Leistung der Mikrochips verdoppelt sich etwa alle 18 Monate.
- *Kosten*: Die Preise für Computer fallen pro Jahr um etwa 30 %.
- *Miniaturisierung*: Immer größere Mengen von Informationen können auf immer kleineren Mikrochips verarbeitet und gespeichert werden.

- *Volumen*: Weltweit wurden 1997 mehr als 79 Millionen Computer ausgeliefert. Weltweit gibt es über 50 Millionen E-Mail-Adressen. Und bis zum Jahr 2000 könnte rein statistisch jeder Mensch auf unserem Planeten einen Internet-Anschluß haben.
- *Downsizing*: Die Bewegung geht weg von den großen Systemen, die auf einem Zentralrechner basieren, hin zu PC-Netzwerken, die die Daten innerhalb der Organisationen verteilen.
- *Verbindungen*: Techniken wie ISDN-Karten oder Modems gehören immer mehr zum Standard, und Computer werden immer häufiger an nationale und internationale Netzwerke angeschlossen.
- *Digitalisierung*: Weltweite Telekommunikationsnetze werden auf digitale Leitungen umgestellt, um die Leistungsfähigkeit, Geschwindigkeit und Qualität der Übertragungen zu erhöhen.

Zu den heutigen Themen gehören die Konvergenz der Computer- und Telekommunikationstechnologie sowie deren Einfluß auf interne und externe Kommunikation und die Möglichkeiten effizienter Netzwerkverbindungen über räumliche und zeitliche Grenzen hinweg. Sie werden Anwendungen kennenlernen, die das Reisen überflüssig machen.

Telekommunikationsleitungen

Damit ein Computer mit einem anderen kommunizieren kann, ist eine Verbindung notwendig. Intern wird diese in der Regel durch eine spezielle Verkabelung mit bestimmten Punkten eines *lokalen Netzwerks* erreicht. Extern erhält man die Verbindung über *Telefonleitungen*, die über eine lokale Vermittlungsstelle die Verbindung zu den nationalen und internationalen Leitungsnetzen herstellen. Die herkömmlichen Telefonleitungen reichen zwar zur Übertragung von Daten und Text aus, für eine effiziente Übermittlung von Grafiken, Bildern und Videosequenzen ist ihre Kapazität jedoch zu gering, d.h. ihre *Bandbreite* ist zu niedrig. Wenn man beispielsweise ein einfaches Farbbild über normale Telefonleitungen überträgt, kann dies mehrere Minuten dauern. Videoübertragungen würden die Leitungen wahrscheinlich blockieren, ohne jemals anzukommen!

Diese Probleme lassen sich durch *Mietleitungen* lösen, die direkt zu einem bestimmten Ort führen. Ihre Bandbreite ist wesentlich höher, doch sie sind meist auch wesentlich teurer. Höhere Qualität und Übertragungsgeschwindigkeiten zu niedrigeren Kosten bieten Glasfasertechnik und ISDN.

Glasfasertechnik
In Glasfaserkabeln, die aus äußerst dünnen Glasfasern bestehen, werden Nachrichten in Form von Lichtimpulsen übertragen. Die Kupferdrähte des bisherigen Netzes reichen für Tonsignale aus, es treten jedoch häufig Störungen auf, und ihre Bandbreite genügt nicht zur Übertragung von Bildern, Grafiken und Videos. Die Bandbreite der Glasfaserkabel ist dagegen fast unbegrenzt, und sie sind für Störungen nicht anfällig. Beim Legen neuer Leitungen werden verstärkt Glasfaserkabel verwendet, da ihre technischen Möglichkeiten die der bisherigen Kupferleitungen bei weitem übertreffen.

ISDN
Die Abkürzung ISDN steht für den englischen Begriff *Integrated Services Digital Network*. ISDN kann von den größeren Telekommunikationsunternehmen installiert werden und basiert nicht auf *analogen*, sondern auf *digitalen* Daten. Diese Technik hat die Modemtechnik bereits überholt. Betrachten wir die Datenübertragung etwas ausführlicher.

Datenübertragung:
Die digitalen Daten aus dem PC werden im Modem in ein analoges Format konvertiert und an die örtliche Vermittlungsstelle weitergeleitet. Die meisten Vermittlungsstellen arbeiten bereits digital, so daß die Daten zurück in das digitale Format umgewandelt werden, damit sie über das digitale Hauptnetz versendet werden können. Dieses mehrfache Konvertieren der Daten spart man sich mit der ISDN-Technik. Hier werden die Daten von Anfang an in digitaler Form weitergeleitet, und über die modernen Glasfaserkabel geht dies so schnell, daß z.B. im Internet Echtzeitgespräche zwischen Gesprächsteilnehmern aus allen Erdteilen möglich sind. Text, Bilder, Videos, Fax- und Telefonnachrichten können direkt von PC zu PC übertragen werden, und zwar entweder nacheinander oder sogar gleichzeitig.

ISDN bietet die Möglichkeit, gesprochene und nicht-gesprochene Daten sicher und schnell über ein einheitliches Leitungsnetz zu übermitteln. Darüber hinaus hat diese Technologie weitere Fähigkeiten:

- Sie ist für *Multimedia*-Übertragungen geeignet.
- Sie überträgt Text bis zu 50mal schneller als die herkömmlichen Telefonleitungen.
- Sie sichert ein höheres Qualitätsniveau bei der elektronischen Übertragung, weil digitale Leitungen weniger störungsanfällig sind als analoge Leitungen.
- Sie ermöglicht sogenannte Einwählverbindungen, d.h. Sie müssen keine Leitungen mieten, sondern nur dann für eine Übertragung bezahlen, wenn Sie die Leitung tatsächlich nutzen. Die Verbindungen werden zu demselben Tarif abgerechnet wie im normalen Telefonnetz, sie dauern aber nicht so lange und sind daher kostengünstiger.
- Sie bietet höhere Flexibilität. Mit ISDN können Organisationen ihre eigenen virtuellen Netzwerke einrichten, da die Kommunikation zwischen weit entfernten Orten sicher und schnell abgewickelt werden kann.

Bezüglich der Kosten von ISDN setzen Sie sich am besten mit Ihrem Telekommunikationsanbieter in Verbindung. Dies braucht übrigens nicht unbedingt die Telekom oder eines der Konkurrenzunternehmen zu sein, Sie können auch Ihr Hard- und Softwarehaus fragen. Die Preise sind unterschiedlich und werden wohl mit der steigenden Anzahl der Anbieter eher günstiger werden.

Wie viele Leitungen Sie benötigen, hängt von der Art, der Menge und der erforderlichen Geschwindigkeit der Übertragungen ab. Für eine Videoverbindung zu einem Partner und für viele andere Zwecke sind zwei Leitungen bereits ausreichend. Wenn Sie jedoch mehrere Anwendungen im Sinn haben (eine oder mehrere Telefonleitungen, Fax- und Computeranschlüsse), viele Übertragungen gleichzeitig durchführen und zahlreiche unterschiedliche Daten versenden wollen, brauchen Sie eine größere Anzahl von Leitungen. Vergleichen Sie Ihre ISDN-Kosten (Anschluß, Geräte, Grundgebühren, Gebühren für die Leitungsnutzung) mit den den Kosten, die Sie im Moment bezahlen. Beispiele:

- Die Transportkosten für den Weg zur Arbeit und zu Konferenzen außerhalb des Arbeitsplatzes
- Die Unterhaltskosten der Arbeitsplätze Ihrer Mitarbeiter (Miete, Strom, Heizung usw.)
- Die Kosten, die durch die verlorenen Gelegenheiten und die verlorene Zeit entstehen, wenn man Daten auf den herkömmlichen Wegen verschickt

ATM

ATM, der *Asynchrone Transfermodus*, wurde ursprünglich für die riesigen Datenmengen entwickelt, die in lokalen Netzwerken übertragen werden. Inzwischen wird er zu einem fortschrittlichen Hochgeschwindigkeitsnetz mit einer neuen Schalttechnologie weiterentwickelt, die potentiell in der Lage ist, alle Arten des Telekommunikationsverkehrs in Großraumnetzen (Wide Area Networks = WAN) und an entlegene Orte zu handhaben. Momentan ist ATM noch Zukunftsmusik. Aufgrund des hohen Preises wird es noch sehr wenig eingesetzt, und es ist noch nicht abzusehen, wann der Preis niedrig genug für eine breitere Nutzung sein wird. In dem Maß, wie die Entwicklung fortschreitet und sich immer zahlreichere Anwendungsmöglichkeiten eröffnen, werden die dafür aufzubringenden Investitionen jedoch immer mehr gegen die Kosten der herkömmlichen Methoden des Informations- und Personentransports abgewogen werden müssen.

Internet

Das Internet ist ein weltweites Netzwerk aus zahlreichen kleineren Computernetzwerken, die über Telekommunikationsleitungen miteinander verbunden sind. Es besteht aus einer täglich wachsenden Zahl von Organisationen und Einzelpersonen, die sich dazu entschlossen haben, Informationen in einem riesigen offenen System zur Verfügung zu stellen. Es gibt eine Schätzung (die auf einer Logik basiert, die nur in der Statistik möglich ist), daß bei der gegenwärtigen Zuwachsrate der Anschlüsse an das Internet im Jahr 2005 alle Bewohner dieses Planeten einen Zugang haben werden! Es steht fest, daß das Internet ein neues brauchbares Medium für geschäftliche Transaktionen darstellt: eine Cyberspace-Welt als Abbild der wirklichen Welt, in der aber Zeit und Raum keine Rolle spielen.

Um das Internet in Anspruch zu nehmen, ist ISDN die derzeit optimale technische Grundlage, da man damit alle Möglichkeiten des Internet viel besser nutzen kann. Es gibt inzwischen eine breite Auswahl an Informationen in Form von Multimedia-Angeboten, die sich aus Video- und Grafikinformationen, Ton und einfachem Text zusammensetzen. Für diese Vielfalt benötigt man die hohen Kapazitäten des ISDN, wenn man die Daten in erträglicher Zeit aus dem Internet herunterladen möchte. Im Internet stehen im Augenblick hauptsächlich drei Funktionen zur Verfügung. Dies ist zum einen die Kommunikation (elektronische Post, E-Mail) und zum anderen sind es die Informationssuche und das Marketing.

E-Mail
E-Mail (elektronische Post) ermöglicht das Versenden und Empfangen von Nachrichten und Dokumenten mit dem PC als Briefkasten und den Telekommunikationsleitungen als Postdienst. Die „Briefe" werden an eine „Mailbox" verschickt und dort abgelegt, bis der Empfänger sie abholt und liest. E-Mail hat eine Reihe von Vorteilen:

- Ebenso wie Fax-Nachrichten können E-Mail-Nachrichten gesendet werden, wenn der Absender Zeit hat, und der Empfänger kann sie lesen, wenn wiederum er Zeit hat. Dies ist besonders vorteilhaft, wenn Sender und Empfänger sich in verschiedenen Zeitzonen aufhalten oder einfach nur zu verschiedenen Tageszeiten arbeiten. Es ist auch in Fällen praktisch, in denen der Empfänger nicht gestört werden möchte.

- Ebenso wie in Fax-Nachrichten und Briefen können auch in E-Mail-Nachrichten sowohl Text als auch Grafiken enthalten sein.
- Ebenso wie bei Fax-Nachrichten, aber anders als bei Telefongesprächen, können die Nachrichten anhand eines Originals entweder nur an einen oder auch an mehrere Empfänger gleichzeitig versendet werden.
- Die Übertragungskosten sind wesentlich niedriger als bei Telefongesprächen oder Fax-Nachrichten, und sie sind nicht von der Entfernung des Empfängers abhängig.
- Es wird kein Papier mehr verbraucht (im Gegensatz zu Fax-Nachrichten), und der Kommunikationsprozeß wird flexibler (im Vergleich zu normalen Telefonanschlüssen).
- Man muß weder zu Hause noch am Arbeitsplatz sein, um die E-Mail-Nachrichten zu lesen. Es genügt, sich von einem beliebigen Ort in die Mailbox einzuwählen. Wenn Sie eine E-Mail-Adresse haben, bedeutet dies für Sie denselben Komfort wie ein Mobiltelefon oder ein Anrufbeantworter. Sie sind nicht mehr an einen Ort oder Zeitpunkt gebunden, wie das beim normalen Briefverkehr oder einem Telefonanschluß der Fall ist.

Informationen sammeln

Obwohl die ungeheure Anzahl von vernetzten Computern zum ersten Mal in der Geschichte eine schier unbegrenzte Möglichkeit zur Sammlung von Informationen nach Bedarf zu bieten scheint, wird die Suche zum Teil allein durch die riesige Informationsflut und auch durch Probleme bei ihrem Auffinden behindert. Doch seit sich das Internet zur *Datenautobahn* entwickelt und immer mehr Organisationen sich an das Netz anschließen, verbessert sich auch die Qualität der Informationen, und die Suchmechanismen werden ebenfalls immer ausgereifter.

Marketing

Das hohe Potential für Marketing im Internet stellt eine der Hauptattraktionen für Unternehmen dar, die über das *World Wide Web* (WWW) die Möglichkeiten auf einem weltweiten Markt ausschöpfen wollen. Das WWW stellt eine Art Software dar, mit der Daten, die auf Computern in der ganzen Welt durch Querverweise und Verknüpfungen miteinander verbunden sind, nahtlos abgefragt werden können, wobei ein Hypertext-System verwendet wird. Mit Hilfe dieses Hypertext-Systems können Sie von einem Dokument oder von einem Computer zum anderen gelangen, indem Sie einfach mit der Maus auf hervorgehobene Begriffe oder Grafiken klicken (sogenannte Links). Im WWW bietet dieses System einen faszinierenden Eindruck davon, wie der Cyberspace aussehen kann.

Das Marketing im Internet ist dabei, eigene Verhaltens- und Akzeptanzregeln zu entwickeln, und ebenso wie auf Plakaten, in Zeitungen und im Fernsehen gibt es auch hier gutes und schlechtes Marketing. Ein wichtiger Faktor, der das Internet von den anderen Formen des Marketing abhebt, ist die *Interaktivität*. Im Internet dreht sich alles nicht nur ums Zuschauen und Lesen, sondern es geht darum, seine eigene Web-Site so interessant zu gestalten, daß die Leute sie immer wieder besuchen. Wenn Sie im WWW Werbung betreiben, können Sie zwar Ihre Kunden nicht direkt ansprechen, aber die Kunden haben die Möglichkeit, Ihnen direkt über E-Mail Anfragen – und Beschwerden – zuzuschicken.

Derzeit sind Banken zusammen mit Software-Herstellern am Werk, Möglichkeiten zur sicheren und vertraulichen Abwicklung des Zahlungsverkehrs über das Internet zu entwickeln.

Weitere wesentliche Informationen zum Thema „Internet" finden Sie in dem Buch „Der Internet-Guide fürs Büro" von Frank Busch (erschienen ebenfalls im mvg-verlag).

Videokonferenzen

Über *Videokonferenzverbindungen* können sich auch weit voneinander entfernte Personen über eine Videoverbindung in Echtzeit sehen und hören. Die Verbindung wird über eine Telekommunikationsleitung (ISDN) hergestellt, und sie ermöglicht das Abhalten von

Cyberspace

„Konferenzen" live im Cyberspace. Auf diese Weise wird eine gemeinsame Arbeitsumgebung für Personen geschaffen, die sich nicht zur selben Zeit am selben Ort befinden.

Die Ausstattung für Videokonferenzen gibt es schon seit längerem, aber diese Möglichkeit wird nur sehr zögernd angenommen. Der Grund liegt wahrscheinlich darin, daß die Unternehmen keinen Vorteil oder Gegenwert für die hohen Anschaffungskosten erkennen können. Da jedoch die Kosten für Videokonferenzen derzeit sinken, werden sie in Verbindung mit ISDN zu einer realistischen Alternative zum Reisen. Daher sollten die Vorteile einer Investition in diese Technologie gegen die Kosten der „körperlichen Anwesenheit" abgewogen werden.

Ein Hindernis für die Verbreitung von Videokonferenzen ist sicherlich das Gefühl, daß sie nicht nur etwas Phantastisches, sondern auch den Hauch des „Großen Bruders" an sich haben. Andererseits vermitteln sie Personen, die sie bereits ausprobiert haben, eher das Gefühl „wirklich dagewesen zu sein" als nur Telefongespräche geführt zu haben: Man sitzt sich beim Gespräch gegenüber.

Groupware

Ebenso wie ISDN Videokonferenzverbindungen ermöglicht, bei denen eine wirklichkeitsgetreue, gemeinsame Arbeitsumgebung geschaffen wird, unterstützt diese Technologie auch die *Groupware* dabei, eine Plattform zur gemeinsamen Nutzung von Informationen für mehrere voneinander entfernte Personen zur Verfügung zu stellen. Groupware ermöglicht dies durch folgende Faktoren:

- Personen in bestimmten Gruppen erhalten alleinigen Zugang zu Bulletin Boards im Netzwerk und können dort am Bildschirm miteinander kommunizieren.
- Informationen werden so organisiert, daß sie ganz einfach abgerufen und verteilt werden können.
- Informationen aus verschiedenen Quellen werden zu neuen Dokumenten zusammengestellt.

Groupware hat die Aufgabe, Informationen *direkt* den Personen zukommen zu lassen, die sie benötigen, so daß diese sich die Informationen nicht mehr zu holen brauchen – beispielsweise aus einer Datenbank. Wenn nur eine Datenbank verwendet wird, weiß man nicht immer, welche Informationen sich darin befinden. Groupware hingegen macht die Personen auf Informationen aufmerksam. Dies trägt bei jeder Art von Arbeit wesentlich zu einer schnelleren internen Verbreitung von Informationen bei.

Mit Hilfe von Groupware können Teams in einer Organisation unabhängig von örtlichen Beschränkungen neu strukturiert werden, ohne daß dazu Mitarbeiter umziehen müssen. Eine Groupware-Anwendung, Lotus Notes, wird bereits in Tausenden von Organisationen eingesetzt. Lotus Notes kann einerseits die Arbeit einer Sekretärin übernehmen und z.B. eine Konferenz vollständig aufzeichnen, andererseits kann es auch Projekte überwachen, alle Terminpläne aufzeichnen und die Teilnehmer über die aktuellen Fortschritte informieren. Durch eine Kombination von Groupware und Videokonferenzen können echte Teams entstehen, und Konferenzen und die Prozesse der Entscheidungsfindung werden unabhängig von Zeit und Ort erleichtert.

Intranet

Das Intranet ist ein weiteres Beispiel für die Möglichkeit, ein internes Netzwerk mit Mitteln von außen aufzubauen – in diesem Fall jedoch nicht mit einer Groupware, sondern auf der Grundlage der Technologie des World Wide Web. Intranets verwenden dieselbe Software, Netzwerktechnologie und Computersprache wie das Internet. Während jedoch das Internet ein globales Netzwerk ist, das für jedermann offensteht, steht ein Intranet nur innerhalb einer Organisation zur Verfügung. Für Außenstehende ist es durch sogenannte „Firewalls" abgeschirmt.

Die Mitarbeiter der Organisation können auf diese Weise sicher intern kommunizieren und auch in das Internet gelangen, doch von außen kann niemand in das interne Netzwerk der Organisation eindringen. Als Ergebnis erhält man eine neue Form der Groupware, die dem Unternehmen alle Möglichkeiten der Web-Technologie eröffnet und die Trennung zwischen interner und externer Kommunikation verwischt, aber dennoch absichert.

Wie das Internet bieten auch Intranets den Anreiz, daß jedermann Multimedia-Werke veröffentlichen kann, ohne die Kosten einer normalen Veröffentlichung und Distribution auf sich nehmen zu müssen. Eine Kopie eines Dokuments auf dem Intranet-Server der Organisation genügt, damit *alle* Mitarbeiter sie lesen oder herunterladen können.

Telefon

Unabhängig von allen neuen Technologien bildet das bescheidene Telefon weiterhin das Herzstück der geschäftlichen Kommunikation. Allerdings ist seine Funktion nicht mehr nur auf das reine Telefonieren beschränkt wie früher. In den 70er Jahren kursierte noch die Redensart, daß halb Europa auf einen Anschluß, die andere Hälfte auf den Wählton warte. Inzwischen haben einige Weiterentwicklungen stattgefunden:

- Häufig benutzte Nummern können gespeichert werden.
- Über Lautsprecher können auch andere Personen mithören.
- Die Nummern von Anrufern werden gespeichert, so daß Sie sie zurückrufen können, wenn Sie wieder am Platz sind.
- Zentrale Anrufbeantworterdienste werden probeweise eingesetzt, die die vielen Einzelmaschinen ersetzen sollen.
- Die Nummern von Anrufern werden angezeigt, so daß Sie entscheiden können, ob Sie den Anruf annehmen, ihn dem Anrufbeantworter überlassen oder sich gar nicht darum kümmern wollen.

- Durch Anklopfen, Rückfrage und Makeln erfahren Sie, daß jemand anders Sie zu erreichen versucht, während Sie gerade sprechen. Sie können dann das aktuelle Gespräch „parken" und später wieder aufnehmen.
- In Dreierkonferenzen können Sie entweder gleichzeitig oder nacheinander mit zwei weiteren Personen telefonieren.
- Voice-Mail funktioniert wie ein Pager, so daß Sie sich einwählen und nachsehen können, wer Sie anrufen wollte.
- Durch Anrufumleitung können Sie Ihre Anrufe auf ein anderes Telefon umleiten.
- Mit einem Mobiltelefon, mit oder ohne Voice-Mail, können Sie sich jederzeit überall aufhalten und sind dennoch erreichbar.

Durch die Integration des Telefons mit dem Computer können die Manager endlich auch dieses Instrument kontrollieren, das so lange jedes Zeitmanagement und alle Terminpläne immer wieder durcheinander gebracht hat. So ermöglicht eine Verknüpfung des Telefons mit der Kundendatenbank des Unternehmens eine schnellere Reaktion auf die Anfragen der Kunden.

Computerintegrierte Telefonsysteme

Die computerintegrierten Telefonsysteme beruhen auf der *Identifizierung des rufenden Anschlusses* (Calling Line Identification, CLI). Wenn ein Kunde anruft, ermittelt CLI, das mit der Kundendatenbank verknüpft ist, woher der Anruf kommt, und zeigt die Daten des Kunden auf dem Bildschirm des Empfängers an, bevor dieser den Hörer abnimmt. Unerläßliche Voraussetzung ist allerdings, daß CLI die Nummer des Apparates erkennt, von dem der Anruf kommt. Wenn diese Nummer nicht in der Datenbank enthalten ist, wenn also der Anruf beispielsweise aus einer Telefonzelle getätigt wird, funktioniert CLI nicht.

Einige Unternehmen testen CLI, andere gehen dagegen bereits weiter und wollen den Menschen ganz ersetzen. Über *Sprachausgabe-Systeme* wird der Kunde direkt mit der Datenbank verbunden, zur Eingabe von Informationen über das Tonwahlsystem aufgefordert und erhält im Gegenzug eine Antwort von einem sprachverarbeitenden System.

Zusammenfassung

Die Informationstechnologie hat bei der Verschmelzung der Technologien so schnelle Fortschritte gemacht, daß sie nun darauf warten muß, bis die Geschäftswelt die neuen Möglichkeiten aufgreift. Für einige bedeutet es sicherlich einen Sprung ins Ungewisse, wenn sie sich auf das neue technologische Potential einlassen: Die unausgereiften Lösungen, die in der Vergangenheit so viele Modewellen ausgelöst haben, haben viele Narben hinterlassen, und viele Unternehmen wollen zuerst die Kostenvorteile sehen, bevor sie den Wechsel wagen. Jüngeren Managern, die mit Datenbanken und dem Internet vertraut sind, fällt die Entscheidung jedoch nicht mehr so schwer.

Es werden immer mehr billigere Alternativen zu den Methoden von gestern entdeckt. Die Verschmelzung der Technologien hat zu einem neuen Verhältnis zwischen dem „I" (Information) und dem „T" (Technologie) geführt, und dieses Verhältnis kann die Art und Weise beeinflussen, wie Sie Ihre Arbeit organisieren und durchführen. Über dieses Thema werden Sie morgen mehr lesen.

Der virtuelle Arbeitsplatz

Arbeitsplätze werden immer flexibler. Das läßt sich z. B. mit neuen Verwendungsmöglichkeiten der Büroräume bewerkstelligen. Veränderungen entstehen hauptsächlich aus dem Bedürfnis der Organisationen, die Reaktionszeiten zu verkürzen, flexibler zu werden, die Kosten zu senken und darüber hinaus einen Großteil der Arbeit außerhalb des Büros erledigen zu lassen. Wir werden uns deshalb heute mit den folgenden Themen befassen:

- Telearbeit
- Telezentren
- Mobile Arbeit
- Hot-Desking
- Hotelling
- Virtuelle Teams
- Computererzeugte virtuelle Büros

Telearbeit

Der Teleworker arbeitet nicht im Büro seines Arbeitgebers, sondern die meiste Zeit (aber nicht immer) zu Hause und steht über einen Computer und Telekommunikationseinrichtungen mit dem Arbeitgeber in Verbindung. Diese Ausrüstung ermöglicht den Zugang zu den Datenbanken und der Groupware des Unternehmens und die Kommunikation per E-Mail mit Kollegen und Führungskräften. Der Telearbeiter kann auch Kundenanrufe entgegennehmen, die über einen automatischen Verteiler an ihn weitergeleitet werden, ohne daß der Kunde sich bewußt wird, daß die Person, mit der er spricht, nicht in einem zentralen Büro sitzt.

Deutschlandweit existieren momentan schätzungsweise etwa 200 000 Telearbeitsplätze. Bis zum Jahr 2000 werden hier 800 000 realisierte Telearbeitsplätze prognostiziert. 30 % der mittelständi-

schen Unternehmen bringen die notwendigen Voraussetzungen dafür mit, und rund 20 % davon haben bereits Telearbeitsplätze eingerichtet.

Die meisten davon finden sich in EDV-Zentren, in der Versicherungs-, der Banken- und dem großen Umfeld der Verlagsbranche. Auch im Kundendienst und im Vertrieb – letzterer ein fast schon klassischer Bereich – sind sehr viele Arbeitsplätze fern des Stammhauses eingerichtet.

Fachleute erwarten, daß die Telearbeit in den kommenden zehn Jahren immer mehr zunehmen wird. Die Unternehmen interessieren sich verstärkt für die verschiedenen Arten der Telearbeit. Auch die Bereitschaft der Angestellten zur Telearbeit steigt, während die Bedeutung des „Besitzes" eines festen Platzes im Büro geringer wird. Technische Neuerungen sorgen dafür, daß die Arbeitskräfte zu Hause nicht mehr so isoliert sind wie früher.

Einige Unternehmen beschäftigen zwar Mitarbeiter, die ausschließlich zu Hause arbeiten, jedoch hat sich eine Kombination aus Telearbeit und Zeit, die man im Büro bei Besprechungen und im Kontakt mit Kollegen verbringt, in der Praxis als sehr erfolgreich erwiesen. Bei einem solchen Arrangement können zum einen die Manager leichter die Angestellten motivieren und deren Arbeitsergebnisse überwachen, zum anderen werden die für die Motivation notwendigen Sozialkontake zwischen den Mitarbeitern sichergestellt.

Gegenwärtig neigt man noch dazu, die Leistung der Telearbeit anhand der Quantität der Resultate zu bewerten. Wenn die Telearbeit aber immer häufiger, für unterschiedliche Arbeiten und mit verschiedenen Arbeitskräften eingesetzt wird, dürfen die Manager nicht mehr nur die Menge der geleisteten Arbeit messen, sondern müssen die Telearbeit von einem qualitativen und strategischen Gesichtspunkt aus betrachten: Der Erfolg muß an der Qualität der Ergebnisse gemessen werden und daran, ob die Arbeit zu einer Verbesserung des Dienstes am Kunden beiträgt.

Checkliste für die Einführung von Telearbeit

1. Führen Sie eine Studie durch, um herauszufinden, ob sich Telearbeit in Ihrer Firma lohnt. Dazu sollten Sie eine Kosten-Nutzen-Analyse erstellen, in der die Produktivität, die Kommunikations- und Schulungskosten, die Anforderungen an die Verwaltung sowie die Bürofläche berücksichtigt werden.

2. Entscheiden Sie, auf welcher Basis Sie die Telearbeit einführen wollen. Soll sie für die gesamte Organisation, abteilungsweise oder nur für bestimmte Funktionen eingeführt werden? Entscheiden Sie, welche Arbeitsplätze sich für die Telearbeit eignen.

3. Führen Sie eine Pilotstudie durch und werten Sie die Ergebnisse aus.

4. Stellen Sie sicher, daß die betreffenden Arbeitskräfte die notwendigen persönlichen Eigenschaften und Fähigkeiten besitzen. Dazu gehören Reife, Zuverlässigkeit, Eigenständigkeit, Selbstdisziplin, gutes Zeitmanagement, Kommunikationsfähigkeit und die Kenntnis der zur Verfügung gestellten Hard- und Software. Eventuell müssen Sie Schulungen einplanen – unterschätzen Sie nicht deren Bedeutung.

5. Richten Sie geeignete Kommunikationsstrukturen ein. Die Angestellten brauchen die richtige Ausrüstung für ihre Arbeit. Die Hard- und Software muß mit der überall im Unternehmen verwendeten Ausrüstung kompatibel sein. Sie sollten dafür dieselben Wartungs- und Versicherungsverträge abschließen, und die Geräte sollten auch ergonomisch getestet und auf dem neuesten Stand gehalten werden.

6. Entwerfen Sie einen Vertrag. Ergänzen Sie den normalen Arbeitsvertrag um Paragraphen über die Gesundheit und Sicherheit, die Arbeitsstunden, die Regelung der Berichterstattung und die Verantwortlichkeit für die Geräte.

7. Stellen Sie die nötigen Einrichtungen zur Verfügung, die die Arbeitskräfte nutzen können, wenn sie ins Büro kommen. (Siehe auch den Abschnitt über Hot-Desking weiter unten.)

8. Richten Sie Systeme zur Unterstützung der Telearbeitskräfte ein. Vermitteln Sie ihnen ein Zugehörigkeitsgefühl. Lassen Sie den Telearbeitskräften dieselben Informationsblätter, Schulungsangebote und Veranstaltungshinweise zukommen wie den anderen Angestellten.

9. Bauen Sie effektive Managementsysteme auf. Stellen Sie sicher, daß zwischen Mitarbeitern und ihren direkten Vorgesetzten regelmäßiger informeller Kontakt besteht, damit Probleme besprochen und Fortschritte überprüft werden können. Lassen Sie auch Telearbeitskräfte an Leistungsbeurteilungsgesprächen und Personal-Entwicklungsprogrammen teilnehmen.

Telezentren

Es ist teuer, zahlreiche Telearbeitsplätze mit einer kompletten Büroausstattung einzurichten. Außerdem gibt es nicht in allen Wohnungen den nötigen Platz und die Ruhe zum Arbeiten, und vielen Menschen ist es auch lieber, wenn zwischen dem Arbeitsplatz und ihrem Heim eine Trennung besteht. In solchen Fällen bieten sich sogenannte Telezentren an, die gleichzeitig den langen Arbeitsweg überflüssig machen und die Ausrüstung bieten, die zu Hause oft fehlt. Diese Zentren, die gemeinsam nutzbare Multimedia-Einrichtungen bieten, sind entweder das Eigentum einer Organisation, die ihre Angestellten so mit einer lokalen Arbeitsumgebung versorgt, oder sie sind unabhängig und werden von zahlreichen Angestellten verschiedener Unternehmen genutzt.

Dieses System bietet den Angestellten den Vorteil eines kürzeren Weges zum Telezentrum, das z.B. mit dem Unternehmenssitz in einer anderen Stadt verbunden ist. Auf diese Weise haben sie mehr Freizeit, die sie mit ihrer Familie, mit gemeinnützigen Aktivitäten oder einfach zur Entspannung nutzen können.

Das Unternehmen profitiert dagegen davon, daß die Mitarbeiter durch den geringeren Zeitaufwand, die größere Eigenverantwortung und die mit den persönlichen Interessen besser abstimmbare Zeiteinteilung beim Teleworking gesteigerte Energie und Eigenmotivation zeigen.

Wenn eine Firma mit Sitz in einer Großstadt ihr Telezentrum in einer kleineren Gemeinde in Stadtnähe schafft, profitiert diese oft von den neu geschaffenen Arbeitsplätzen.

Mobile Arbeit

Mobile Arbeitskräfte, wie beispielsweise Vertriebsmitarbeiter, Unternehmensberater oder Servicetechniker, benötigen Hilfsmittel, mit denen sie auf dieselben Informationen zugreifen können wie ihre Kollegen am Schreibtisch. Dies sind i.d.R. ein Mobiltelefon, ein Faxgerät, ein E-Mail-Anschluß für Kommunikation und Zugriff auf Groupware, Internet-Software für die effiziente, gemeinsame Nutzung und Übermittlung von Informationen usw. Mit solchen Hilfsmitteln ausgestattet, kann der mobile Mitarbeiter zu Hause, unterwegs und im Hotel gleichermaßen effizient arbeiten.

Ebenso wie bei der Telearbeit kommt es hier nicht nur darauf an, dem Mitarbeiter die geeignete Hard- und Software zur Verfügung zu stellen. Auch die Kosten von Schulungen, Wartung der Ausrüstung und Verbindungsgebühren müssen eingerechnet werden. Andererseits bringt die mobile Arbeit auch merkliche Vorteile, wie beispielsweise erhöhte Produktivität und besseren Kundendienst. Vertriebsmitarbeiter, die ein Geschäft abschließen, können die Bestellung sofort vor Ort weiterverarbeiten (wenn sie die Vollmacht besitzen, die Verhandlungen selbst zu führen und abzuschließen). Sie müssen nicht mehr eigens ins Büro zurückfahren und warten, bis ein Sachbearbeiter die Bestellung bearbeitet.

Hot-Desking

In den meisten traditionellen Büros befinden sich nur selten alle Angestellten vollzählig an ihren Arbeitsplätzen, weil manche entweder krank oder in Urlaub sind, oder weil einige Angestellte einen großen Teil ihrer Zeit bei Kunden verbringen. Da auf diese Weise viel Platz und andere Ressourcen verschwendet werden, haben manche Organisationen das sogenannte Hot-Desking eingeführt. Im Gegensatz zum Job-Sharing, bei dem sich zwei Mitarbeiter einen Arbeitsplatz teilen und abwechselnd daran arbeiten, erhalten beim Hot-Desking bestimmte oder alle Angestellten keine permanenten Schreibtischplätze mehr. Beim Eintreffen am Arbeitsplatz wird ihnen ein Schreibtisch mit kompletter Ausstattung zugewiesen, von dem aus sie über das Netzwerk in der Firma auf ihre E-Mail und ihre Dateien zugreifen können.

Bei einem solchen System hat jeder Angestellte als persönlichen „Raum" nur Schubladen in Schränken oder ein Schließfach, es steht aber ein allgemein zugänglicher Raum für Gruppen- und Teamaktivitäten zur Verfügung. Wenn jemand immer im Büro arbeitet, erhält er i.d.R. weiterhin einen eigenen Schreibtisch, aber in manchen Unternehmen, die das Hot-Desking eingeführt haben, kann es sein, daß sich alle Angestellten nach diesem Arrangement richten müssen.

Die Firmen, bei denen das Hot-Desking eingeführt wurde, haben diese Gelegenheit genutzt, um nicht nur eine kostenwirksamere Art der Arbeit zu schaffen, sondern auch einen viel höheren Service- und Ausstattungsstandard im Büro einzuführen. Allerdings müssen solche Veränderungen mit viel Fingerspitzengefühl durchgeführt werden, weil manche Angestellte den Verlust ihres persönlichen Territoriums nur ungern hinnehmen. Eine Möglichkeit wäre beispielsweise das Anbieten einer Lounge, wo sich die Mitarbeiter treffen, ihre Post abholen und gemeinsam an sozialen und Freizeitaktivitäten teilnehmen können.

Checkliste für die Einführung des Hot-Desking

1. Analysieren Sie die Ausnutzung der Büroräume. Bewerten Sie alle Arbeitsprozesse und Aktivitäten, die funktionalen Anforderungen, die sozialen und interaktiven Bedürfnisse sowie die Belegungspläne der Räume.
2. Befragen Sie die Mitarbeiter nach ihrer Einstellung. Sammeln Sie die Meinungen über die Wichtigkeit der verschiedenen Arten von Arbeitsräumen, die gegenwärtig vorhanden sind.
3. Verringern Sie die Zahl der zur Verfügung stehenden Schreibtische auf die in der Regel maximale Zahl von Personen, die jeweils gleichzeitig im Büro anwesend sind.
4. Sorgen Sie für die verschiedenen Bedürfnisse, indem Sie folgendes zur Verfügung stellen:
   * Ruhige Bereiche für konzentrierte Arbeit
   * Bereiche für Besprechungen, Schulungen und Teamarbeit
   * Geschäftige Bereiche, in denen telefoniert wird
   * Umfassend ausgestattete Schreibtischarbeitsplätze, an denen alle Arten von Arbeiten erledigt werden können
   * Informelle Arbeitsbereiche mit kleinen Schreibtischen
   * Aufenthaltsräume
5. Entwickeln Sie ein Reservierungssystem, damit die Mitarbeiter folgende Möglichkeiten haben:
   * Sich einen Überblick über die Verfügbarkeit der Räume zu verschaffen
   * Räume zu reservieren
   * Die Reservierungen zu ändern
   * Die Reservierungen zu bestätigen oder rückgängig zu machen
6. Stellen Sie den Angestellten ohne eigenen Schreibtisch ein tragbares Telefon zur Verfügung, so daß sie an jedem anderen Schreibtisch ihre Anrufe entgegennehmen können.
7. Stellen Sie Schließfächer oder Schränke zur Aufbewahrung zur Verfügung.
8. Bedenken Sie auch die psychologischen Probleme. Manche Angestellten trauern vielleicht ihrem eigenen Schreibtisch

und ihrem persönlichen Raum hinterher und fühlen sich nun unsicher und ihrer Rechte beraubt.

9. Überwachen Sie die Effizienz und Effektivität der Hot-Desk-Einrichtungen. Eine Analyse der Managementinformationen, die Sie dem Reservierungssystem entnehmen können, hilft Ihnen zu erkennen und möglicherweise notwendige Änderungen rechtzeitig vorzunehmen.

Hotelling

Beim Hotelling wird das Konzept des Hot-Desking noch erweitert. Manche Angestellte, beispielsweise Vertriebsmitarbeiter und Berater, verbringen die meiste Zeit bei Kunden und nicht in ihrer eigenen Firma. Daher bekommen sie bei dem Kunden einen Schreibtisch zugeteilt und halten den Kontakt zu ihren Kollegen in der eigenen Firma über Telekommunikationsverbindungen und den Computer aufrecht. Wenn sie in der eigenen Firma arbeiten, wird ihnen nach dem Hot-Desking-Prinzip ein Schreibtisch zugewiesen.

Virtuelle Teams

Hier arbeiten Angestellte, die sich an verschiedenen Orten befinden, zusammen. Sie verwenden dabei E-Mail, Groupware, das Intranet und Videokonferenzen. Diese Angestellten sind zum Teil Telearbeitskräfte, mobile Arbeitskräfte oder einfach nur Angestellte, die in verschiedenen Teilen des Gebäudes oder in unterschiedlichen Niederlassungen arbeiten. Die Mitglieder eines Teams müssen sich nicht mehr an einem Ort befinden. Trotzdem sollten Möglichkeiten zum direkten Kontakt gegeben sein, z.B. die weiter oben unter Hot-Desking beschriebenen Räumlichkeiten für regelmäßig veranstaltete Treffen.

Auf diese Weise können die Angestellten auch mit den Mitarbeitern anderer Unternehmen zusammenarbeiten, wenn zwischen den beiden Unternehmen ein entsprechendes Abkommen getroffen wurde (siehe Donnerstag), oder Kontakte auf informeller Basis pflegen. Dies hat unter Umständen positive Auswirkungen für die Firmen, es kann aber auch zu Problemen führen, wenn die Chefetage befürchtet, die Kontrolle über die Angestellten oder über die eigenen Daten zu verlieren (siehe Freitag).

Computererzeugte virtuelle Büros

Eine Weiterführung des virtuellen Büros wird augenblicklich von verschiedenen Firmen entwickelt. Diesem Projekt liegt die Idee zugrunde, daß man das Bild eines traditionellen Büros auf den Computerbildschirm bringen könnte, so daß jeder seine eigenen Büroräume erstellen und Bedürfnisse erfüllen kann, wo immer er es wünscht. Diese Technologie erlaubt es Ihnen nicht nur, Ihr eigenes Büro nachzubilden, Sie können auch in benachbarte Büros „gehen", um sich über die Entwicklung verschiedener Projekte zu informieren, und Sie können andere Gebäude „besuchen", beispielsweise die Bank oder eine Bibliothek, und dort eine Aufgabe erledigen. Damit erreicht die virtuelle Organisation nun vollends das Reich der virtuellen Realität.

Dem entspricht ein weiteres Konzept: der sogenannte *Electronic Meeting Room* (das elektronische Konferenzzimmer), in dem kleine Figuren in einem virtuellen Konferenzzimmer sitzen und die Handlungen der echten Konferenzteilnehmer nachvollziehen. Dazu ist vorgesehen, daß die echten Teilnehmer, die sich an ihren jeweiligen Arbeitsplätzen befinden, entweder Sensoren an ihren Jacketts befestigen oder einfach Videokameras installieren, damit ihre Körpersprache auf die Figuren auf dem Bildschirm übertragen werden kann.

Diese Technologien werden als praktikable Anwendungen und denkbare Alternativen zur heutigen Arbeitsweise getestet. Vielleicht kennen Sie jedoch dieses Prinzip bereits aus dem Internet, wo z.B. virtuelle Universitäten mit Eingangshalle, Sekretariaten, Dozentenzimmern, Vorlesungssälen, Seminarräumen usw. bereits den Weiterbildungssektor revolutionieren – zu Hause kann man wie an einer „richtigen Uni" studieren und inzwischen allgemein anerkannte Abschlüsse erlangen.

Vorteile des virtuellen Büros

- Konzentrierte Arbeit kann an einem ruhigen Ort erledigt werden.
- Die Produktivität nimmt zu – in der Regel werden Zuwachsraten zwischen 30 % und 50 % angegeben.
- Die Angestellten sparen durch die wegfallenden Arbeitswege Zeit und Kosten, was sich zudem positiv auf die Umwelt auswirkt.
- Die Angestellten genießen höhere Flexibilität.
- Die Bürokosten für die Arbeitgeber sinken, da sie bei den Ausgaben für Büroräume zwischen 25 % und 30 % einsparen können.
- Personen an verschiedenen Orten können in einem Team arbeiten.
- Die Angestellten können mehr Zeit mit Kunden verbringen.
- Es können auch Personen eingestellt werden, die zu den normalen Büroarbeitszeiten nicht arbeiten können.
- Unternehmen können auch die Arbeitsmärkte in weiter entfernten Gebieten für sich erschließen.

Nachteile des virtuellen Büros

- Das Management befürchtet, eventuell Schwierigkeiten bei der Überwachung der „unsichtbaren" Arbeitskräfte zu haben.
- Außerhalb arbeitende Angestellte kennen die Ziele des Unternehmen nicht gut genug (Hier kommt es auf gute Kommunikation an!) und bewahren vielleicht nicht ihre Loyalität zur Firma. Auch das Zusammengehörigkeitsgefühl ist nur schwer aufrechtzuerhalten.
- Die Manager sind eventuell nicht einverstanden damit, daß auch sie ihren persönlichen „Raum" und den damit verbundenen Status verlieren.
- Telearbeit ruft u.U. das Gefühl sozialer Isolation hervor. Viele Angestellte arbeiten lieber in einem traditionellen Büro, weil es gleichzeitig Arbeitsplatz und soziales Umfeld darstellt.
- Es besteht die Gefahr, besonders für junge Arbeitsanfänger, daß ihre soziale Kompetenz nicht ausreichend entwickelt wird.
- Die Angestellten betrachten die Arbeit zu Hause vielleicht nur als Lösung des Problems, wer auf die Kinder aufpaßt.

- Das virtuelle Büro läßt sich nicht über Nacht einrichten, weil alle Betroffenen zuerst die entsprechenden Technologien kennenlernen müssen. Daher muß zuerst die Zeit eingeplant werden, die sie für erste Schulungen, Übung und weiterführendes Training benötigen.

Fallstudie: „The Virtual Office"

Die Firma „Virtual Office" ist ein Dienstleistungsunternehmen, das Ressourcen verschiedenster Art für Unternehmen zur Verfügung stellt, die eine virtuelle Niederlassung nutzen möchten.

Firmen, die dieses Dienstleistungsangebot nutzen, gibt es bereits: Ein Unternehmen, das sich an beliebigen Orten ansiedeln möchte (z.B. weil es sich ebenfalls um ein virtuelles Unternehmen handelt, dessen Mitarbeiter an verschiedenen Orten wie ein virtuelles Team arbeiten), will immer unter einer zentralen Telefonnummer erreichbar bleiben. Es wendet sich an „Virtual Office" und bekommt als Klient eine Präsenz, z.B. in New York, ohne die Kosten einer permanenten Niederlassung dort tragen zu müssen.

Da jeder Klient von „Virtual Office" seine eigene Telefonnummer hat, werden alle Anrufe immer im Namen der jeweiligen Firma angenommen. Der Mitarbeiter am Empfang arbeitet mit einer speziell entwickelten CIT-Datenbank, so daß die Daten des Kunden bei Eingang des Anrufs auf seinem Bildschirm erscheinen. Der Anruf wird dann zu dem zuständigen Mitarbeiter des Klienten weitergeleitet, in sein (Heim-)Büro oder an sein Mobiltelefon.

Außerdem kann man als Dienstleistung auch eine Faxbox angeboten bekommen. Die Faxnummer ist der virtuellen zentralen Telefonnummer angegliedert, und die gesendeten Informationen werden auf einer Computerdiskette gespeichert und sind jederzeit abrufbar. Der Klient setzt sich mit dem „Virtual Office" in Verbindung und kann seine Faxnachrichten mit Hilfe der Tonwahltasten, mit denen heute die meisten Telefone ausgestattet sind, an jedes beliebige Faxgerät weiterleiten lassen, so daß er an jedem Ort der Welt Faxnachrichten empfangen kann – sogar über sein Handy, das nur noch mit seinem Notebook verbunden zu werden braucht.

Ebenfalls verwirklicht wird das „Mieten" von Vollzeitmitarbeitern, die für „Virtual Office" arbeiten, jedoch jederzeit für die Anrufer des Klienten zur Verfügung stehen, Anrufe entgegennehmen, Briefe schreiben, Termine koordinieren usw. Die „Mietkosten" sind geringer als das zu zahlende Gehalt einer eigenen Vollzeitkraft.

Der Klient teilt dem „Virtual Office" immer mit, wo er zu erreichen ist. Die Anrufe für ihn werden dann angenommen und weitergeleitet – z.B. zu ihm selbst, an einen seiner Mitarbeiter mit eigenem Büro, seinen angemieteten Vollzeitmitarbeiter im „Virtual Office", seinen Anrufbeantworter. Außerdem kann der Klient die Adresse des „Virtual Office" auf seinem Briefpapier verwenden. Seine Post wird jeden Tag dort angenommen und dann entsprechend seinen Anweisungen weitergeleitet: an ihn selbst, seine freien Mitarbeiter…

Die Firma „Virtual Office" muß optimal ausgestattet sein: modernste Telefonanlagen, Voice-Mail- und Datenbanksysteme, Sekretariats- und Postdienste, Fotokopierer und Büroräume. Wenn die Klienten dorthin kommen, können sie die Räume des Büros benutzen. Zu diesem Zweck lassen sich sogenannte *Touchdown-Desks* (kurzfristig verwendbare Schreibtische) und auch Räume für Konferenzen reservieren. Kommt ein Klient z.B. von „Virtual Office" nach Berlin und möchte in der Stadt einen Kunden treffen, vereinbart er den Termin im „Virtual Office" und mietet dort einen entsprechenden Raum für diese Zeit an. Vielleicht hat er sein eigenes kleines Büro weit außerhalb der Stadt und kann dort aus Platzgründen keine Besucher empfangen, daher ist für ihn dieser unterstützende Service besonders wichtig.

Zusammenfassung

Heute haben Sie die möglichen Veränderungen der Arbeitsweise innerhalb einer Organisation kennengelernt. Morgen werden Sie sehen, wie Unternehmen die Technologien und die sich wandelnden Vorstellungen vom Wesen einer Organisation weiter nutzen können, um flexible, informelle Beziehungen zu anderen Firmen zu knüpfen, so daß Marktchancen besser ausgenützt werden können.

Das neue Organisationsmodell

Unternehmen bemühen sich außerhalb „ihrer eigenen vier Wände" um Abkommen zur Zusammenarbeit mit anderen Unternehmen in Form von Partnerschaften, strategischen Allianzen und Netzwerken. Solche Abkommen ermöglichen es den Firmen, Marktchancen besser zu nutzen, neue Fachkenntnisse zu erwerben und schneller auf die Bedürfnisse der Kunden zu reagieren. Sie stellen somit weitere Erscheinungsformen der virtuellen Organisation dar.

Folgende Aspekte der sich entwickelnden virtuellen Organisation sind die heutigen Themen:

- Partnerschaften
- Strategische Allianzen
- Fehlgeschlagene Allianzen
- Ein Netzwerkmodell
- Die extreme Form der virtuellen Organisation

Partnerschaften

Wachstum
Die Zahl der Partnerschaften und Allianzen zwischen großen, mittleren und kleinen Unternehmen hat während der letzten 20 Jahre

sowohl national als auch international zugenommen. Die Gründe dafür liegen im stetigen Streben nach Wettbewerbsvorteilen und in der Notwendigkeit, in immer turbulenteren Märkten neue Kunden zu gewinnen.

Die traditionelle Form der Partnerschaft ist das Joint-Venture, bei dem sich zwei Organisationen zusammenschließen und ein neues Unternehmen bilden, das unabhängig von beiden Partnern geführt wird. Eine solche Partnerschaft entsteht meist nach mehreren Entwicklungsphasen: Verhandlungsteams werden gebildet, um neue Strukturen, Kontrollmechanismen und die finanziellen Arrangements festzulegen, sich über die Anteile an Ressourcen und die Prozesse zu einigen sowie die Bedingungen für eine Beendigung der Partnerschaft auszuhandeln.

Nachteile der traditionellen Partnerschaften
Die Bildung eines Joint-Ventures ist also ein langwieriger Vorgang, der bei beiden Partnern eine mittel- bis langfristige Planung erfordert. Sind an einer solchen Partnerschaft drei, zehn oder zwanzig Parteien beteiligt, ist das entstehende Konsortium entsprechend komplexer und erfordert noch mehr Strukturen, Prozesse und Kontrollmechanismen. In letzter Zeit kommt man daher immer mehr zu der Ansicht, daß ein solcher Prozeß zu langsam und unbeweglich für die Bedürfnisse der sich schnell ändernden Märkte ist. Gegen-

wärtig entwickeln sich flexiblere Arten der Zusammenarbeit in Form von Abkommen, die ebenso wie die Partnerschaften aus der Erkenntnis heraus entstehen, daß sich beiden Partnern durch eine Zusammenarbeit auf dem Markt bessere Chancen bieten. Beide bleiben dabei jedoch beweglicher, da die Partner einfach bei bestimmten Projekten kooperieren, ohne ein neues Unternehmen zu bilden. Es geht nicht um die Gründung eines Unternehmens, sondern darum, Ressourcen gemeinsam zu nutzen und die bisherigen Geschäftszweige anzupassen und zu verbessern.

Strategische Allianzen

Dies sind Netzwerke, bestehend aus Partnern, die an verschiedenen Orten arbeiten, aber ein gemeinsames Ziel verfolgen. Es gibt kurzfristige Ziele, beispielsweise eine Erhöhung des Marktanteils der vorhandenen Produkte. In diesem Fall sind Partner nötig, die Erfahrung in der Verpackungs- und Preisgestaltung sowie in der Absatzförderung besitzen, um das Produkt für die verschiedenen Märkte, zu denen die Partner der Allianz Zugang erhalten, entsprechend zu gestalten.

Die Partner können aber auch ein langfristiges gemeinsames Ziel haben, beispielsweise wenn die steigenden Bedürfnisse der Kunden zu einer immer stärkeren Segmentierung der Märkte geführt haben. Dadurch wird die Allianz angeregt, neue Stärken oder Kernkompetenzen auf den Gebieten der Produktinnovation und -regeneration sowie höhere Effizienz in der Produktion zu entwickeln und zu fördern.

Die Bildung von Allianzen bedeutet die Anerkennung der Tatsachen, daß der Schlüssel zu einem Wettbewerbsvorteil nicht absolut und unveränderlich ist, und daß ein Bündnis mit anderen Unternehmen mehr Chancen eröffnet als die Arbeit in der Isolation. Folgende Erfordernisse sollten von den Partnern übereinstimmend anerkannt werden:

- Die Notwendigkeit zur Zusammenarbeit, weil keine Organisation, und sei sie noch so groß, alleine alle Ressourcen und Fähigkeiten aufbringen kann, die zur Ergreifung neuer Marktchancen erforderlich sind.
- Die Notwendigkeit, die Größenvorteile aufrechtzuerhalten, die für eine hohe, aber kostengünstige Produktion erforderlich sind. Dazu werden die Betriebskosten nicht erhöht, sondern geteilt.
- Die Notwendigkeit, eine neue Form der Kontrolle auf der Grundlage von Kooperation und Vertrauen zu fördern.
- Die Notwendigkeit, den Wert des eigenen Unternehmens durch den Zusammenschluß mit anderen zu steigern, weil das entstehende Ganze größer ist als einfach nur die Summe der Einzelteile.

Die Unternehmen, die sich an einer strategischen Allianz beteiligen, verbleiben an ihrem Geschäftssitz, und auch die Angestellten verbringen nicht ihre gesamte Zeit mit Reisen. Allianzen lassen sich vielmehr als Muster von Verknüpfungen, Verbindungen und Interaktionen zwischen den beteiligten Firmen und Personen beschreiben. Bei ihrer Arbeit an unterschiedlichen Orten kommunizieren die Menschen per E-Mail, Voice-Mail und über Videokonferenzen ebenso wie direkt in persönlichen Besprechungen. Es werden Teams aus Mitarbeitern gebildet, die:

- sich noch nie persönlich getroffen haben und sich auch in Zukunft nur selten treffen werden;
- miteinander auf verschiedene Weisen kommunizieren;
- gleichzeitig an mehreren Projekten arbeiten;
- verschiedene Funktionen innehaben und auf unterschiedlichen Ebenen angesiedelt sind;
- aus verschiedenen Organisationen und unterschiedlichen Orten kommen.

Derartige Allianzen werden als virtuelle Organisationen bezeichnet. Das kennzeichnende Merkmal ist der freie Informationsfluß zwischen den beteiligten Unternehmen, der die Lerntätigkeit sowohl der einzelnen Mitarbeiter als auch der Firmen insgesamt stimuliert.

Der Erfolg einer Allianz hängt zum großen Teil davon ab, wie umfangreich der Wissenstransfer zwischen den Partnern ist – Voraussetzung dafür ist natürlich Vertrauen.

Darüber hinaus ist es nicht nur wichtig, wie die Informationen übermittelt werden – Übertragungsart, Häufigkeit, Zuverlässigkeit und Geschwindigkeit –, sondern auch, wie die Informationen aufgenommen werden. Ideal sind hier Akzeptanz und Reaktionsfähigkeit.

Fehlgeschlagene Allianzen
Viele Unternehmen schöpfen einen wachsenden Anteil ihrer Einnahmen aus Allianzen, viele solche Kooperationen scheitern jedoch auch. Dafür gibt es eine Reihe von Gründen:

- *Probleme bei der Umsetzung*: Die Unvereinbarkeit der Unternehmenskulturen und der Kampf um die Vorherrschaft verlangsamen häufig die Entwicklung. Manche Firmen akzeptieren die gegenseitige Abhängigkeit schlechter als andere; früher übliche Kontrollmechanismen sind oft schwer aufzugeben und auch die Entscheidungsprozesse werden behindert, wenn jedesmal bei der Hauptniederlassung nachgefragt werden muß.
- *Mangelndes Vertrauen*: Viel zu oft wird zu wenig deutlich gemacht, wer was zu tun und wer wo etwas zu sagen hat, und daraus ergeben sich Unstimmigkeiten zwischen den Organisationen.
- *Partnerwahl*: Starke Partnerschaften entstehen weder aus zwei schwachen Organisationen noch aus Unternehmen, bei denen das eine wesentlich stärker ist als das andere. Auch zwei Partner, die seit langer Zeit Rivalen sind, können mögliche Hindernisse oft nur schwer aus dem Weg räumen.

In der Zeitschrift *Harvard Business Review* vertreten Chesborough und Teece die Theorie, daß das Kernproblem der virtuellen Organisation in der Innovationsvorbereitung und -organisation liegt. Die Lösung hängt von der Art der Informationen ab, die die Allianz zu ihrer Weiterentwicklung braucht. Wenn Informationen öffentlich zugänglich sind und in standardisierte Kategorien eingeordnet wer-

den können, wie Arbeitsregeln, Betriebsvorschriften, Patente und Spezifikationen, sind sie einfach weiterzugeben und können kommerziell genutzt werden.

Wenn es sich jedoch um relativ neue Informationen handelt, die noch nicht in übermittelbaren Codes ausgedrückt werden können und selbst innovativ sind, liegt es häufig nicht im Interesse ihres Eigentümers, sie weiterzugeben – ja, manchmal ist er dazu gar nicht in der Lage. Wenn ein starker Partner im Netzwerk mehr in seine Kernkompetenzen investiert hat als die anderen, kann er bewußt oder unbewußt Kontrolle über letzere ausüben, indem er ihnen wichtige Informationen vorenthält. Erfordert die Zusammenarbeit jedoch den Austausch solcher Informationen innerhalb des gesamten Netzwerks, wird dadurch das Gleichgewicht oft gestört.

Ein Netzwerkmodell

Netzwerke von Organisationen sind noch in der Entwicklung begriffen, und es gibt vorerst noch keine ideale Form oder Struktur. Daher haben Fachleute versucht, ein Modell für derartige Kooperationen zu definieren, um die Entwicklungsstrukturen erkennen zu können.

Charles Handy betrachtet das Netzwerk als eine Föderation, deren einzelne Teile von Natur aus voneinander entfernt liegen und deren gegenseitige Abhängigkeit in gemeinsamen, flexiblen Verhaltensregeln begründet ist. In einer solchen Föderation wird anerkannt, daß die Menschen nicht nur eine, sondern mehrere Loyalitäten besitzen. Die Führungsfähigkeit hängt von der richtigen Organisation aller Teile des Netzwerks ab, Autorität muß verdient sein, die Menschen sind Eigentümer ihrer Arbeit, und alles, was gut für den einzelnen ist, sollte auch gut für das ganze sein. Die virtuelle Organisation als Föderation:

- erlaubt den Mitarbeitern, die Arbeit auf ihre eigene Weise zu erledigen, vorausgesetzt, es liegt im allgemeinen Interesse;
- ermöglicht es allen Beteiligten, sich gut zu informieren, damit sie das allgemeine Interesse erkennen und fördern können;
- schafft einen Machtausgleich zwischen den Menschen im Zentrum und denen am Rand der Organisation;
- macht ein gemeinsames Büro oder eine Zusammenkunft der Menschen überflüssig, da die anderen Möglichkeiten der Informationsübermittlung zu den Menschen an ihren Arbeitsplätzen effizienter sind;
- beruht auf dem Konzept der Subsidiarität, bei dem die Macht nicht von einem Zentrum aus delegiert oder abgegeben wird, sondern die Herrschaft und Vereinheitlichung nur durch Übereinstimmung gleichberechtigter Partner zustande kommt;
- wird durch gemeinsame Ziele und durch einen Konsens darüber verwaltet, wer was tut und wessen Autorität für welchen Vorgang entscheidend ist;
- ermöglicht es den Unternehmen, groß zu erscheinen und gleichzeitig klein zu bleiben. „Groß" sind sie für die Finanzierung neuer Forschungsprogramme und beim Vordringen auf neue Märkte, „klein" sind sie dagegen hinsichtlich ihrer Flexibilität, Innovationskraft und ihrer schnellen Reaktion auf Veränderungen.

Wie kann also ein Netzwerk sowohl von der Beweglichkeit kleiner Organisationen als auch von den Ressourcen großer Unternehmen profitieren? Wenn ohnehin viele Allianzen wieder aufgelöst werden, nachdem ihr Zweck erreicht wurde, warum sollte man dann die Vergänglichkeit nicht gleich in das „Konzept der Zusammenarbeit" einbauen? Auf diese Weise entsteht Freiraum für einen noch flexibleren Aufbau von Netzwerken, die sich bei Bedarf zusammenschließen und sich anschließend wieder trennen – die virtuelle Organisation in ihrer extremsten Form.

Die extreme Form der virtuellen Organisation

Wenn die Veränderungen immer weiter fortschreiten, werden Netzwerke mit statischen, dauerhaften Merkmalen über einen längeren Zeitraum keinen Erfolg mehr haben. Früher oder später muß nach, anderen Vorteilen, Fähigkeiten und Kenntnissen gesucht werden, und dies veranlaßt einige der Partner der gegenwärtigen Allianzen zur Suche nach neuen Beziehungen.

Das Netzwerk, dessen Sinn und Zweck ja darin liegt, mehr Flexibilität zu bieten als feste organisatorische Strukturen, muß sich selbst auch ständig weiterentwickeln. Es muß neue Beziehungen knüpfen und alte auflösen können.

Werden die Informationen in alle Teile des Netzwerks verteilt, lernen manche Partner schneller und mehr als andere. Dadurch wird das Netzwerk in mehrere Richtungen vorangetrieben, und Partner, die nicht mehr gebraucht werden, werden dabei langsam an den Rand gedrängt. Daher ist von Anfang an die Fähigkeit, schädliche, müde oder veraltete Glieder auszutauschen und zu erneuern, überlebensnotwendig für die Allianzen – fehlt diese Voraussetzung, ist der Zusammenbruch vorprogrammiert.

Das Konzept der virtuellen Organisation hängt von *den* Unternehmen ab, die neue Beziehungen knüpfen können, um eine Markt-

chance auszunützen. Dabei kann eine Firma sich an mehreren verschiedenen virtuellen Organisationen beteiligen.

Virtuelle Partner
Die Mitglieder virtueller Organisationen konzentrieren sich nicht auf Kontrollmechanismen und Bedingungen für eine Beendigung der Beziehungen, sondern erkennen den Bedarf an unterschiedlichen Stärken – und damit unterschiedlichen Beziehungen – zu verschiedenen Zeiten. Eine virtuelle Organisation kann ein offenes Ende haben: Die Partner verbinden sich, wenn Chancen erkennbar werden, und trennen sich wieder, wenn die Chancen verschwinden oder die Ziele erreicht sind.

Der Erfolg der virtuellen Organisation liegt in der Fähigkeit der Partner begründet, einander zu vertrauen sowie Methoden zur Nutzung von Chancen auszutauschen und gemeinsam anzuwenden, die keiner der Partner alleine bewältigen könnte.

Im virtuellen Unternehmen werden nur wenige fest angestellte Mitarbeiter beschäftigt. Bei Bedarf werden Teams – Spezialisten, die an verschieden Orten tätig sind – auf vertraglicher Basis zur Mitarbeit an bestimmten Projekten verpflichtet. Ist das Projekt zu Ende, endet auch der Vertrag. Die Verbindung der Teams und der festen Mitarbeiter funktioniert über Telekommunikationseinrichtungen und Computer.

Eine virtuelle Organisation muß für den Kunden den Eindruck einer echten Organisation hervorrufen – eine Gruppe von Menschen aus Fleisch und Blut, die an einem Strang ziehen, und eine zentrale Person, die die Verantwortung trägt.

Zwei Beispiele
Solche virtuellen Organistionen sind bereits im Entstehen. Eine davon bietet z.b. ihren Klienten einen umfassenden Schreibdienst. Ein Klient beauftragt das Beispielunternehmen mit dem Verfassen von Kundenbriefen. Für diesen Auftrag wird ein Team zusammengestellt: ein Autor, der auf das Verfassen von allgemeinsprachlichen Texten spezialisiert ist, ein Korrektor, ein Jurist, der die rechtlichen Aspekte des Textes prüft, und ein Projektmanager, der den Kontakt zum Klienten aufrechterhalten und für den termingerechten Ablauf des Projekts sorgen soll.

Der Autor schreibt die Briefe und sendet den Text an den Projektmanager, dieser schlägt in Kenntnis der Kundenwünsche einige Änderungen vor, der Anwalt überprüft die rechtlichen Aspekte, der Autor ändert den Text entsprechend ab, und der Korrektor prüft das Ergebnis. Zum Übermitteln des Texts bedient man sich der Telekommunikationsleitungen und Computer, dieses technische Netzwerk verbindet die virtuellen Teams über große Entfernungen hinweg – zum Vorteil des Klienten, der ansonsten höhere Preise bezahlen müßte, da Kosten wie Arbeitswege, Büromieten, Putzkolonnen usw. mit zu berücksichtigen waren.

Ein anderes Beispiel: Ein Manager soll an neuen Benutzeroberflächen für Finanzinformationsdienste arbeiten und bildet hierfür ein virtuelles Team aus den besten Kräften aus zwölf Unternehmen auf der ganzen Welt. Dieses Team wächst und schrumpft und verändert seine Zusammensetzung je nach der gerade gestellten Aufgabe. Jedes Mitglied bringt sein eigenes Fachwissen mit, und darüber hinaus noch Zugang zu dem Pool von Kenntnissen und Fähigkeiten des Unternehmens, dem es angehört.

So ein Abkommen zur Zusammenarbeit kann nur zustandekommen, wenn die beteiligten Unternehmen Geheimhaltungsvereinbarungen abschließen – sowohl mit der Firma des Managers als auch auch untereinander. Die Einsparungen z.B. für die Kosten bei der Suche nach neuem Personal gleichen die hohen Kosten für die weltweit agierenden Spezialisten aus, und diese stehen dank der modernen Technik immer dann zur Verfügung, wenn sie gebraucht werden.

Voraussetzungen für die Zusammenarbeit
Da virtuelle Organisationen wenige oder gar keine Strukturen besitzen, muß der Kern der Organisation sowohl die fachlichen Qualitäten, die die einzelnen Mitglieder mitbringen, als auch die Motivationen und Ergebnisse erkennen können, die für die Arbeit benötigt werden.

Der Erfolg einer virtuellen Organisation liegt in den Beziehungen zwischen den Partnern begründet, in dem hohen Vertrauen, das sie zueinander haben, in ihrer gegenseitigen Verpflichtung zu dieser Form der Zusammenarbeit und in der Flexibilität, die sie in die Beziehung einbringen. Es haben sich bereits einige Richtlinien für Partner herauskristallisiert:

- Jeder Partner muß einen klar identifizierbaren Vorteil oder eine Stärke in die Organisation einbringen.
- Die wichtigsten Fähigkeiten oder Kernkompetenzen dürfen nicht gleich sein, sondern müssen sich ergänzen. Sie sollten sich möglichst auch nicht überlappen.
- Die Partner müssen anpassungsfähig sein und ein Gespür für ihre kulturellen und organisatorischen Unterschiede haben.

- Der Wille zur Zusammenarbeit muß mindestens denselben Stellenwert besitzen wie vertragliche Vereinbarungen, um die unvermeidlichen Fehler und Mißverständnisse bereinigen zu können.

Eine der größten Herausforderungen beim Eingehen einer virtuellen Beziehung ist die Notwendigkeit, dem Partner Zugang zum eigenen Wissen und zu den eigenen Fähigkeiten zu gewähren. Das heißt zwar nicht, daß man *alle* eigenen und vertraulichen Informationen preisgeben muß, aber es bedeutet, daß eine Übereinstimmung darüber erzielt werden muß, was jeder Partner beitragen kann und soll, und daß man auf offene und vertrauensvolle Art und Weise zusammenarbeitet.

Untersuchungen haben gezeigt, daß informellere, flexible Organisationen mit wenigen Hierarchiestufen, die ihren Mitarbeitern eigene Verantwortung übertragen, sich auf den Kunden konzentrieren und ihre Kernkompetenzen kennen, in virtuellen Netzwerken eher erfolgreich sind als Organisationen mit starrer Bürokratie. Möglicherweise werden daher kleine und mittlere Partner den großen Unternehmen vorgezogen.

Zusammenfassung

Mit der Bildung und Auflösung virtueller Organisationen kann ein Mitarbeiter für das eigene und für andere Unternehmen, an mehreren Projekten gleichzeitig, im Büro oder zu Hause und immer dann arbeiten, wenn Bedarf besteht. Elektronische Kommunikation bringt die Menschen zusammen, wenn sie kooperieren müssen. In diesem Sinne wird die virtuelle Organisation sowohl dynamisch als auch vergänglich. Sie ist zu einem bestimmten Zeitpunkt echt, aber sie besteht nur vorübergehend, um einen Bedarf zu decken. Was bedeutet die virtuelle Arbeit für den Menschen? Das ist das morgige Thema.

Die menschliche Dimension

Die Virtualität hat für die Angestellten, für die Organisationen und für die Gesellschaft als ganzes enorme Folgen. Heute geht es daher um einige der menschlichen Probleme, die sich daraus ergeben werden:

- Kontrolle durch das Management
- Management des Vertrauens
- Karrieremanagement
- Verpflichtung und Loyalität
- Auswirkungen auf die Gesellschaft

Kontrolle durch das Management

Während das Wachstum der internen und externen Computernetzwerke den Organisationen einerseits Vorteile bringt, hat es auf der anderen Seite ernsthafte Probleme für die Kontrolle durch das Management zur Folge. Drei Bereiche bereiten hier besondere Sorgen:

- *Der Aufbau persönlicher Netzwerke*: Die informellen Beziehungen, die durch diese Netzwerke gefördert werden, können der Organisation zahlreiche Chancen eröffnen, sie können jedoch auch mißbraucht werden. Zeitverschwendung oder, noch schlimmer, die Verbreitung vertraulicher Informationen kann die Folge sein. Wie läßt sich sicherstellen, daß das Netzwerk nur zur Erreichung der strategischen Ziele der Organisation oder zumindest nicht gegen sie eingesetzt wird?
- *Das Entstehen einer Informationsdemokratie*: Wenn innerhalb und zwischen den Unternehmen immer mehr Informationen ausgetauscht werden, können sich die Angestellten immer besser ein eigenes Urteil bilden und das Urteil anderer angreifen. Welche Form der Autorität ist nun angemessen? Wie soll sie aufrecht erhalten werden? Welcher Führungsstil soll angewendet werden?

- *Das Verwischen der Grenzen zwischen den Organisationen*: Manager müssen immer öfter auch Personen kontrollieren, die nicht zu ihrem Team, ihrer Abteilung, ja nicht einmal zu ihrem Unternehmen gehören. Wie managt man Personen, die man bei der Arbeit nicht sieht?

Die Antworten auf diese Fragen finden sich vielleicht in den neu entstehenden Theorien, die vor allem die Notwendigkeit eines stärkeren Vertrauens zwischen Arbeitgeber und -nehmer betonen.

Das Management des Vertrauens

Fachleute sind sich darin einig, daß eine Organisation ihren Mitarbeitern vertrauen muß, um alle Möglichkeiten der Virtualität voll nutzen zu können. Einer der wichtigsten Autoren auf diesem Gebiet, der bereits erwähnt wurde, ist Charles Handy. Er schlägt mehrere Prinzipien für ein Management des Vertrauens vor:

1. *Manager sollten nur kleine Kontrollbereiche haben.* Es ist schwer, Personen zu vertrauen, die man nicht gut kennt, und es

... und diese Entscheidung, mein Gehalt um 25 % zu erhöhen ...

ist schwer, mehr als 50 Personen gut zu kennen. In Organisationen mit flacher Hierarchie sind jedoch häufig größere Kontrollbereiche zur Norm geworden. Um einige der damit verbundenen Probleme zu beseitigen, wenden Unternehmen immer öfter ein 360-Grad-Beurteilungssystem an. Das bedeutet, daß die Angestellten nicht mehr nur von ihren Vorgesetzten beurteilt werden, sondern auch von ihren Kollegen und manchmal sogar von untergeordneten Mitarbeitern oder Kunden. Dahinter steckt der Gedanke, daß auf diese Weise die Gesamteinschätzung durch diejenigen Personen vorgenommen wird, die den Angestellten am besten kennen.

2. *Die Handlungsfreiheit muß begrenzt sein.* Wenn man den Angestellten Verantwortung überträgt (siehe Montag), wird dadurch zwar Energie freigesetzt und Personal von starren Regeln befreit, aber dennoch werden weiterhin Verhaltensrichtlinien benötigt. Manager müssen die Ziele und Grenzen einer Aktivität festlegen, das nötige Vertrauen haben, daß der Angestellte die Aufgabe erledigen kann, und ihn dann auf seine Weise daran arbeiten lassen.

3. *Vertrauen muß mit Härte kombiniert sein.* Die Übertragung von Verantwortung schließt auch die Notwendigkeit mit ein, den An-

gestellten Fehler zu erlauben. Diese muß allerdings durch die Möglichkeit ausgeglichen werden, Personen zu entlassen, die den Erwartungen nicht oder nicht mehr gerecht werden. Sonst müßte man doch wieder Prüfungs- und Kontrollmechanismen einführen, die das aufgebaute System des Vertrauens zerstören würden. In der virtuellen Organisation wird es besonders wichtig sein, Mitarbeiter sorgfältig auszuwählen und sie selektiv zu behandeln.

4. *Loyalität ist unabdingbar.* Eine der wichtigsten Voraussetzungen für Vertrauen ist die Gewißheit, daß die Angestellten sich den Zielen der Organisation verpflichtet fühlen. Die Organisation muß also nicht nur die Beziehungen zu den einzelnen Angestellten neu definieren, sondern auch versuchen, alle Mitarbeiter zusammenzuschweißen. Dazu sollten die Angestellten an der Formulierung der Ziele beteiligt werden, Kampagnen für Qualität und hervorragende Arbeit eingeführt werden und die leitenden Manager ein gutes Beispiel bieten.

5. *Der persönliche Kontakt muß aufrecht erhalten werden.* Es ist allgemein bekannt, daß man mit Personen aus der Ferne viel besser umgehen kann, wenn man sie bereits kennengelernt hat. Persönlicher Kontakt ist wichtig für das Geschäft. Dies erhält in der

virtuellen Organisation um so größere Bedeutung, weil hier immer mehr Arbeit aus immer größeren Entfernungen erledigt wird. Versammlungen werden so hauptsächlich zu sozialen Anlässen, bei denen sich die Leute treffen, kennenlernen und die Ziele und Verhaltensregeln des Unternehmens noch einmal bekräftigt werden. Die eigentliche Arbeit wird dagegen virtuell, d.h. außerhalb des Stammhauses und in Eigenverantwortung erledigt.

6. *Führungskräfte werden weiterhin gebraucht.* Die virtuelle Organisation wird davon abhängig sein, daß ihr Spezialisten mit unterschiedlichen Fachgebieten angehören, und die Fähigkeiten eines Managers sind dabei nicht mehr und nicht weniger wert als die der spezialisierten Kollegen aus den anderen Bereichen. Jedes Teammitglied muß immer dann zum Leiter des Teams werden, wenn sich die anderen auf sein Fachwissen und seine Erfahrung verlassen müssen. Das bedeutet aber, daß jeder auch immer wieder die Führungsrolle abgeben muß.

Fallstudie: Das Institute of Management
Das *Institute of Management,* Herausgeber der englischen Originalausgaben der „Business Basics", führt für seine Mitglieder zahlreiche verschiedene Trainingskurse durch. Die Kursleiter sind meist keine Angestellten des Instituts, und die Workshops finden an un-

terschiedlichen Orten statt. Die Verwaltungsabteilung hält den Kontakt und die Kommunikation auf mehreren Wegen aufrecht:

- Ein regelmäßig erscheinender Newsletter ermöglicht den Kontakt der Kursleiter mit der Verwaltung und untereinander.
- Die Beurteilungsformulare der Kursteilnehmer werden analysiert, und die Ergebnisse werden den Kursleitern mitgeteilt.
- Es findet regelmäßiger Kontakt zwischen der Kursverwaltung und den Kursleitern per Telefon, Fax und Post statt.
- Es stehen allgemeine Richtlinien zur Leitung eines Kurses zur Verfügung, in denen auch darauf hingewiesen wird, wie das Institut präsentiert werden soll. Die Kursleiter teilen dem Institut wiederum ihre Meinung über die beste Art der Kursführung mit, die auf Erfahrungen aus ihrer Arbeit in anderen Organisationen beruhen.

Das Institut hält aber nicht nur regelmäßigen Kontakt mit den entfernt arbeitenden Mitarbeitern, sondern baut zudem Beziehungen zu ihnen auf, die das gegenseitige Vertrauen und die Loyalität fördern:

- Es wird ein Kursleiter-Tag veranstaltet, bei dem der soziale Anlaß mit einer Schulung verknüpft wird.
- Das Personal des Instituts nimmt an verschiedenen Kursen selbst teil, unter anderem an allen neuen Kursen im Programm.
- Die Kursleiter können kostenlos an anderen Kursen ihrer Wahl teilnehmen und damit ihre berufliche Entwicklung und ihre Interessengebiete fördern.
- Die Mitglieder werden dazu ermutigt, das Management Information Centre des Instituts als Entwicklungsressource zu nutzen.

Karrieremanagement

Immer häufiger ergibt sich folgendes Problem: Wie soll man die einzelnen Angestellten belohnen, wenn der Abbau der Hierarchie,

die Teamarbeit und die Übertragung von Verantwortung dazu geführt haben, daß es keine Karrierestrukturen mehr gibt? Die Mehr-
zahl der heutigen Arbeitskräfte muß dies erst einmal akzeptieren
lernen, denn sie wurden dazu ausgebildet, für eine Organisation zu
arbeiten und dafür durch Aufstieg in der Hierarchie belohnt zu werden. Daraus entstehen für die Arbeitgeber Motivationsprobleme.

Die Unternehmen bemühen sich nun, Wege zur Entwicklung der
Karriere ihrer Angestellten in flacheren Hierarchien zu finden und
die herkömmlichen, auf Status basierenden Gehaltserhöhungen
durch neue Belohnungssysteme zu ersetzen, die auf die veränderte,
teambasierende Umgebung und die heute notwendigen Fähigkeiten
ausgerichtet sind.

Es wurden bereits mehrere Lösungsansätze ausprobiert, u.a. die
vorübergehende Versetzung von Mitarbeitern in andere Organisationen und die Job-Rotation, die den Angestellten die Gelegenheit
geben, ihre Fähigkeiten zu erweitern und außerhalb ihres früheren
Arbeitsplatzes neue Erfahrungen zu sammeln. Eine andere Möglichkeit sind duale Karriereleitern, in denen Spezialisten, wie beispielsweise Vertriebsmitarbeiter, Ingenieure und Finanzanalysten,
parallel zu den Kollegen im Management bezahlt und befördert
werden können, ohne selbst Manager zu werden.

Die Organisationen haben die wichtige Aufgabe, die Angestellten
zu einer eigenen Definition ihrer Karrierewünsche anzuregen und
ihnen bei der Entwicklung der Fähigkeiten und Attribute zu helfen,
die ihre Einsatzmöglichkeiten erhöhen. Andererseits müssen allerdings auch die Angestellten immer mehr Verantwortung für ihre berufliche Entwicklung übernehmen, was sie auch mehr und mehr
tun. Hier bieten sich folgende Empfehlungen an, die nach einer
Umfrage unter Managern in der Wirtschaft entwickelt wurden:

• *Veränderung:* Der einzelne muß zu Veränderungen bereit sein
  und sie annehmen. Er sollte aktiv Chancen zur persönlichen und
  beruflichen Weiterentwicklung suchen.

- *Streß:* Es ist wichtig, das Streßniveau in den Griff zu bekommen. Jeder muß herausfinden, wie anfällig er ist, Ursachen wahrnehmen und Maßnahmen ergreifen, um ihn zu reduzieren.
- *Selbständigkeit:* Die Bewegung in Richtung flexibler Arbeit und der zunehmende Trend zu Interim-Management und Outsourcing eröffnen den Managern die Möglichkeit, besser zu kontrollieren, für wen, wann und wie sie arbeiten.
- *Einsatzfähigkeit:* Der einzelne sollte möglichst viele übertragbare Fähigkeiten erwerben. Dazu gehören die Bedienung von Computern und Programmen, soziale Kompetenz, Kommunikationstechniken, Sprachen, Teamarbeit, Verhandlungsgeschick, Finanzmanagement und strategische Analyse.
- *Schulungen:* Jeder muß aktiv werden und selbst dafür sorgen, daß er in den Fähigkeiten ausgebildet wird, die er auf dem Arbeitsmarkt der Zukunft braucht. Die herkömmlichen Schulungen innerhalb der Organisation verstärken unter Umständen nur die spezielle Arbeitsweise und Kultur des Unternehmens und reichen nicht aus, um die künftige Konkurrenzfähigkeit des einzelnen auf dem Arbeitsmarkt zu sichern.
- *Zeitmanagement:* Manager müssen lernen, bei ihrer Arbeit Prioritäten zu setzen. Mit wirksamem Zeitmanagement kann jeder seine Effizienz stärken und dadurch der Organisation maximale Vorteile erwirtschaften. Ebenso wichtig ist es jedoch, sich Zeit für das Leben außerhalb des Unternehmens frei zu halten.
- *Stetige berufliche Weiterentwicklung:* Mitarbeiter werden dazu angehalten, eigene Kompetenzen zu entwickeln und die Entwicklung ihrer Karriere zu planen. Der einzelne muß dafür eventuell ein gewisses Maß an Zeit, Energie und Geld investieren.

Checkliste für Ihre persönliche Entwicklung

1. Ermitteln Sie Ihren gegenwärtigen Standort. Versuchen Sie zuerst, sich selbst hinsichtlich Ihrer Fähigkeiten, Arbeitsstelle, Qualifikationen, Verantwortungsbereiche und bisherigen Leistungen zu beurteilen. Dies bildet Ihre persönliche Grundlage an Fähigkeiten und Wissen, von der Sie ausgehen können.

2. Finden Sie Ihre beruflichen Ziele heraus. Fragen Sie sich, was Sie kurz-, mittel- und langfristig erreichen möchten. Wollen Sie festangestellt tätig bleiben, oder wollen Sie eine eigene Firma gründen? Planen Sie die Schritte, die Sie ans Ziel führen. Bleiben Sie aber realistisch: Entwicklungen erfolgen in der Regel schrittweise.

3. Stellen Sie diese Ziele Ihrem gegenwärtigen Profil gegenüber und identifizieren und beurteilen Sie die Gebiete, auf denen Sie sich weiterbilden müssen. Diese ändern sich mit der Zeit und können sich aus folgenden Gründen ergeben:
   - Eine neue oder veränderte Rolle in der Arbeit
   - Neue Methoden in Technologie und Management
   - Formale Leistungsbeurteilungssysteme
   - Selbstbeurteilung oder regelmäßige Überprüfung

   Erstellen Sie eine Liste der Fähigkeiten und Kenntnisse, die Sie auffrischen, erweitern oder sich noch aneignen müssen.

4. Formulieren Sie für jeden dieser notwendigen Schritte für Ihre Entwicklung, die Sie identifiziert haben, Lernziele. Die Ziele müssen spezifisch, meßbar, erreichbar und herausfordernd sein sowie in einem realistischen Zeitraum verwirklicht werden können. Dabei müssen Sie folgendes berücksichtigen:
   - Ihre Art zu lernen – müssen Sie etwas bewegen, aufrütteln, beobachten Sie lieber, oder lernen Sie aus Versuch und Irrtum?
   - Die verfügbaren Ressourcen – in der Organisation, in der Gemeinschaft, persönlich.
   - Den notwendigen Lernprozeß – Bildungsprogramme, Entwicklungsaktivitäten, Schulung von Fähigkeiten.
   - Interpretieren Sie den Begriff „Entwicklung" nicht zu eng und beschränken Sie sich nicht auf konventionelle Trainingsaktivitäten. Fragen Sie ruhig andere um Rat, und zwingen Sie sich nicht in eine bestimmte Richtung, nur weil Sie denken, daß es von Ihnen erwartet wird.

5. Kontrollieren Sie Ihren Fortschritt. Zeichnen Sie nicht nur Ihre geplanten Ziele, sondern auch die Erfahrungen während Ihrer

Entwicklung und Ihre Ergebnisse auf – positive und negative.
Ihre persönliche Einschätzung und Ihre Lernerfahrungen sind
sehr wichtig.

6. Überarbeiten und ändern Sie den Plan – mindestens einmal
pro Jahr. Überprüfen Sie gewissenhaft Ihre Ziele und stellen
Sie fest, ob diese weiterhin gelten. Auch Ihre Lernziele sollten
kritisch beleuchtet werden; fügen Sie eventuell weitere hinzu,
um neue organisatorische und technologische Änderungen
berücksichtigen zu können.

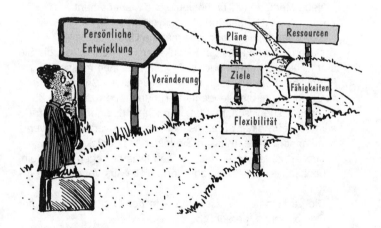

Verpflichtung und Loyalität

Je mehr Fähigkeiten und Kenntnisse die Angestellten erwerben, desto wertvoller werden sie für die auf Informationen beruhenden Organisationen. Mit dem wachsenden Wert des Angestellten kann dieser sich den interessantesten und/oder bestbezahlten Arbeitsplatz
aussuchen und zu einer Konkurrenzfirma wechseln. Die Unternehmen suchen daher nach Wegen, ihre menschlichen Ressourcen an

sich zu binden, doch die Situation wird durch zwei Probleme kompliziert:

1. Das Downsizing der Unternehmen im letzten Jahrzehnt hat der Loyalität schwer geschadet. Nachdem viele Mitarbeiter von den Organisationen regelrecht mit Füßen getreten wurde, beginnen die Manager zu begreifen, daß Loyalität wertvoll und schwer zurückzugewinnen ist.
2. Die Menschen, die 40 Jahre für dieselbe Firma gearbeitet haben, werden immer mehr durch Mitarbeiter ersetzt, denen die Loyalität gegenüber ihrem Beruf oder Team wichtiger ist als die Loyalität gegenüber der Firma und denen außerdem andere Interessen ebenso wichtig sind wie die Arbeit.

Hier ist eine neue „moralische Verpflichtung" dringend notwendig (ein ungeschriebenes Abkommen über die gegenseitigen Erwartungen von Arbeitgebern und Arbeitnehmern). Der bisherige beruhte darauf, daß der Angestellte sich der Firma verpflichtet, ihr gegenüber loyal bleibt und dafür einen sicheren und angemessenen Arbeitsplatz, jährliche Gehaltserhöhungen und Aussicht auf Beförderung erhält.

Die meisten Vorschläge für einen neuen Vertrag erkennen die Unsicherheit des Arbeitsplatzes an, betonen aber dafür, daß die Organisationen ihren Angestellten helfen müssen, Fähigkeiten und Erfahrungen zu erwerben. Sie müssen sie bis zu einem gewissen Grad in das Management des Unternehmens miteinbeziehen, ihnen interessante Aufgaben anbieten und eine Vergütung bezahlen, die dem geleisteten Beitrag entspricht.

Auswirkungen auf die Gesellschaft

Die Virtualität wird sich nicht nur auf den einzelnen und auf die Unternehmen auswirken, sondern auch zu einer Neugestaltung der Gesellschaft beitragen. Die immer größer werdende Zahl der gut ausgebildeten, informierten Arbeitskräfte wird zwar kaum Schwierig-keiten mit der Virtualität haben, doch es besteht die Gefahr, daß die unausgebildeten Arbeitskräfte und Langzeitarbeitslosen übergan-gen und an den Rand der Gesellschaft gedrängt werden – ohne daß sie die Möglichkeit bekommen, von den Vorteilen der veränderten Situation profitieren zu können.

Auch diese Menschen müssen die Gelegenheit erhalten, sich die Fähigkeiten anzueignen, die die Organisationen in Zukunft benöti-gen, und eine aktive Rolle in der sozialen Wirtschaft zu überneh-men. Die Unternehmen haben zusätzlich zu ihrer wirtschaftlichen auch eine soziale Verantwortung.

Wenn die Organisationen ihre Belegschaft reduzieren und immer mehr freiberufliche Mitarbeiter beschäftigen, tragen sie zu der all-gemeinen Unsicherheit bei, die sich ihrerseits auf die nationale Wirtschaftsentwicklung auswirkt. Menschen, die überflüssig ge-macht werden, die sich um ihren Arbeitsplatz sorgen oder sich fra-gen, wann sie wieder einen Auftrag erhalten werden, geben nicht gerne viel Geld für Waren und Dienstleistungen aus. Hier beginnt sich unter Umständen ein Teufelskreis zu drehen, der von Anfang an unterbunden werden sollte.

Die Virtualität birgt hier ein sehr großes Problem: die Tatsache, daß die Organisationen daran interessiert sind, den Trend zu unsicheren Arbeitsmustern zu beschleunigen. Wenn sie dies tatsächlich tun, werden sie auf ihrer Suche nach hochqualifizierten Mitarbeitern, die bereit sind, kurzfristige Arbeitsverträge anzunehmen, wahr-scheinlich auf Widerstand treffen.

Die meisten Menschen sehnen sich immer noch nach langfristigen, sicheren Beschäftigungsverhältnissen, es sei denn, sie haben keine andere Wahl. Schließlich werden sich soziale, häusliche und finan-zielle Überlegungen, wie beispielsweise die Rückzahlungsbedin-gungen für Kredite und der Unterhalt einer Familie, nicht ändern. Die neuen Arbeitsmuster müssen für jeden nachvollziehbar und berechenbar sein, da sonst keine Zukunftsplanung für den einzelnen möglich ist. Hier sind die Unternehmen, aber auch öffentliche Einrichtungen und jeder einzelne gefragt, eine neue Philosophie des Zusammenlebens und der Arbeitsgestaltung zu entwickeln, die die bisherige „moralische Verpflichtung" ablöst und wirklich für jeden neue Perspektiven eröffnet.

Zusammenfassung

Heute ging es um einige der Probleme, die die Virtualität mit sich bringt. Derzeit gibt es viele Fragen, aber nur wenig Antworten:

- Wie können sich Organisationen die Loyalität der Einzelpersonen bewahren, wenn es keine Anstellung auf Lebenszeit mehr gibt?
- Wie können Manager Mitarbeiter kontrollieren, die sie selten treffen und deren Aktivitäten sie nicht immer verfolgen können?
- Wie können im Zeitalter der Telearbeit die persönlichen Kontakte aufrechterhalten werden?
- Woher sollen die Menschen die notwendige Zuversicht nehmen, um flexible freiberufliche Arbeitskräfte zu werden, wie die Organisationen sie brauchen?
- Wie kann die Mehrheit – und nicht nur eine Minderheit – von der Virtualität profitieren?

Vorbereitung auf die Zukunft

Die Hintergründe der virtuellen Organisation und Überlegungen, was die Organisationen zur Vorbereitung auf die Zukunft tun müssen, sind die heutigen Themen. Dabei werden verschiedene Aspekte der virtuellen Organisation untersucht:

- Verschiedene Elemente der Virtualität
- Fälle, in denen Virtualität keine Lösung ist
- Vorteile der virtuellen Organisation
- Checkliste: Vorbereitungen für die Zukunft

Verschiedene Elemente der Virtualität

Das Konzept der virtuellen Organisation ist noch in der Entwicklung begriffen. Für manche bedeutet es, körperlich „nicht da" zu sein, sondern Kommunikationstechnologien zu nutzen, um Verbin-

dungen zu Datenbanken, elektronischen Terminplanern und Arbeitsgruppen herzustellen, und so dieselbe Wirkung zu erzielen, wie wenn immer jemand anwesend wäre.

Für andere wiederum bedeutet Virtualität eine Schlankheitskur, eine Neuorganisation um die Kernkompetenzen herum und ein Aufbauen von Netzwerken und gegenseitigen Abhängigkeiten zwischen verschiedenen Partnern für Projekte, die keine dauerhaften neuen Strukturen erfordern.

Unabhängig von ihrem Konzept ist Virtualität von zwei Schlüsselfaktoren abhängig:

1. Neue Wege des Managements von Personen, bei denen die Beziehungen unternehmensintern und zwischen den Organisationen von Vertrauen und Eigenverantwortung bestimmt werden
2. Bewegung elektronischer Informationen durch Raum und Zeit im Cyberspace, die neue Funktionalitäten und Möglichkeiten eröffnet

Nicht alle Organisationen wollen und müssen sich in Zukunft in virtuelle Organisationen verwandeln. Die Existenz einer virtuellen Organisation ist abhängig von der Weitergabe, Manipulation und Ausnützung elektronischer Daten in allen Formen – als Text, Stimme, Grafik, Bild oder Video –, und zwar unabhängig von Ort und Zeit.

Diese Informationen werden zwar menschlichen Ressourcen vertreten und sogar steuern, aber in vielen Fällen werden sie diese nicht völlig ersetzen können. Die elektronische Bargeldübermittlung mag zwar die persönliche Übergabe von Geld ersetzen, aber nicht das Geld an sich. Computergestützte Konstruktion vermittelt zwar die Illusion von Gegenständen, aber nicht die Gegenstände selbst.

Fälle, in denen Virtualität keine Lösung ist

Es gibt Bedingungen, sowohl in Organisationen als auch auf dem
Markt, unter denen Sie sich eventuell nicht an einer virtuellen Organisation beteiligen sollten:

- Wenn Sie und Ihre potentiellen Partner eine zu unterschiedliche
  Strategie verfolgen, und wenn die Führungsstile nicht zueinander
  passen.
- Wenn bereits alle Kernkompetenzen zur Durchführung eines
  Marktprojekts vorhanden sind.
- Wenn Vertrauen und Gemeinsamkeit nur schwer zu erreichen
  sind.
- Wenn die Gefahr besteht, daß Sie einmaliges, schwer erworbenes
  und wertvolles Wissen preisgeben müssen.
- Wenn das Projekt und sein Ergebnis nicht genau definiert sind.

Kurz zusammengefaßt: Es gibt Situationen, in denen es vorteilhaf-
ter sein kann, sich aus einer Beziehung herauszuhalten und vorerst
abzuwarten. Wenn es gute Gründe für die Entscheidung gegen eine
Teilnahme an einer virtuellen Organisation gibt, wozu soll man sich
dann daran beteiligen?

Vorteile der virtuellen Organisation

Wenn das Unternehmen eigene, einmalige Stärken besitzt und bereit ist, diese einzusetzen und auch Risiken einzugehen, kann die
virtuelle Organisation vieles erreichen:

- Sie profitiert von Fachwissen aus verschiedenen Ländern und arbeitet über Zeitzonen hinweg.
- Sie bietet Unternehmen die Gelegenheit, sich neu zu organisieren,
  ohne die Struktur ändern oder Arbeitsplätze abbauen zu müssen.
- Sie ermöglicht es kleinen Unternehmen, ihre Beweglichkeit zu
  bewahren und gleichzeitig die Entwicklungsressourcen, Größen-

vorteile und die Marktdurchdringung viel größerer Unternehmen auszunutzen.

• Sie verringert die Last der Kapitalbeschaffung durch gemeinsame Nutzung von Ressourcen.

• Sie verkürzt die Zeit, die ein Produkt braucht, bis es auf den Markt kommt, und beschleunigt das Wachstum in einem Maße, wie es kein einzelnes Unternehmen alleine schaffen würde.

• Sie nützt die sich ergänzenden Fähigkeiten der Partner, um sich auf neue Ansprüche der Kunden zu konzentrieren.

• Sie führt zu hervorragenden Leistungen und perfektionierten Prozessabläufen, da jede Organisation sich auf ihr Spezialgebiet konzentrieren kann.

Einerseits muß die Virtualität im Lauf der Zeit erst noch beweisen, wieviele Vorteile sie mit sich bringt. Andererseits läßt sich auch die Meinung vertreten, daß Organisationen es sich nicht leisten können, die neuen Wege zur Arbeitsorganisation außer acht zu lassen, denn es ist bewiesen, daß:

• sich Investitionen in die Entwicklung der Mitarbeiter sowohl für die Organisation als auch für den einzelnen ausbezahlen;

• die Zusammenarbeit hilft, Kosten zu sparen und das Marktpotential zu erhöhen;

• die Kommunikationstechnologien Kosten verringern und die Effektivität erhöhen.

In den vorhergehenden Tagen dieser Woche haben Sie gesehen, daß die verschiedenen Veränderungen, die die Märkte und Technologien beeinflussen, sich auch auf die Arbeitsplätze auswirken werden. Angesichts der Ungewißheit der Zukunft der Unternehmen und der Arbeit ist es wichtig, daß die Organisationen ihre Marktposition neu überdenken und überlegen, ob und welche Aspekte der Virtualität für sie geeignet sind. Sie müssen herausfinden, inwieweit sie sich die verschiedenen Möglichkeiten der Neuorganisation zunutze machen sollten.

Checkliste: Vorbereitungen für die Zukunft

1. *Berücksichtigen Sie die Veränderungen auf dem Markt.* Sehen Sie sich Ihre Organisation im Hinblick auf ihren Industriesektor und ihre Marktposition genau an. Analysieren Sie Ihre gegenwärtige Position und die Art, wie sie dorthin gelangten. Bewerten Sie die Maßnahmen anderer für deren Wettbewerbsfähigkeit in den Bereichen Wert, Dienstleistung, Innovation und Entwicklung. Können Sie es sich leisten, mit kontrollierten Kosten auf neue Märkte vorzudringen, und schaffen Sie es, Ihren Kunden immer hochwertigere Produkte immer schneller zu liefern?

2. *Bestimmen Sie, wo Sie in Zukunft sein wollen.* Wenn Sie keine klare Vorstellung von der Zukunft haben, ist es schwer, sich von den Denkweisen der Vergangenheit zu befreien. Die Planung, wie Sie dieses Ziel erreichen, kann bedeuten, daß Sie die gegenwärtigen Geschäfte neu überdenken und alte Denkweisen anpassen müssen. Fragen Sie sich, ob Sie das Risiko und die Unsicherheit in den Griff bekommen können, indem Sie Ihre Managementmethoden ändern und die Ressourcen mehr auf Ihre Stärken konzentrieren.

3. *Betrachten Sie die Fortschritte Ihrer Organisation.* Prüfen Sie, wer die Hauptbeteiligten sind, und überlegen Sie sorgfältig:
   - welche Programme für eine stetige Verbesserung und Entwicklung Sie momentan bestitzen bzw. entwickeln können;
   - wie Informationen erzeugt, manipuliert und eingesetzt werden;
   - wie die Arbeit erledigt wird, und zwar in bezug auf ihre Kostenwirksamkeit, Kosteneffizienz, Anpassungsfähigkeit und Fähigkeit zu schnellen Reaktionen;
   - ob die Autorität so weit zurückgenommen werden kann, daß Eigeninitiative ermutigt wird.

4. *Identifizieren Sie Kernkompetenzen.* Identifizieren Sie die wichtigen Prozesse, in denen Sie am besten sind oder sein müssen, und mit ihnen die Fähigkeiten, die Sie entwickeln und verbessern müssen (siehe Montag). Denken Sie daran,

daß man Kernkompetenzen nicht einfach willkürlich bestimmen kann, sondern daß sie über Jahre hinweg entwickelt werden müssen. Um den größtmöglichen Nutzen aus ihnen zu ziehen, müssen sie gut organisiert werden.

5. *Hüten Sie sich vor andauerndem Downsizing.* Versuchen Sie festzustellen, wohin das Downsizing führt. Schlanker bedeutet nicht unbedingt leistungsfähiger, und der Schlüssel zu einer effektiveren Arbeitsmethode liegt nicht nur in der Verringerung der Mitarbeiterzahl. Downsizing sollte nur als Ergebnis eines Umdenkprozesses in der Organisation durchgeführt werden, wenn damit eine neue Richtung eingeschlagen oder höhere Leistung erzielt wird. Hüten Sie sich ebenso vor festen Strukturen, die in diesen sich schnell ändernden Zeiten nur schwer zu bewegen sind. Denken Sie statt dessen an flexiblere Konzepte, mit deren Hilfe Sie je nach Bedarf Ressourcen innerhalb und außerhalb der Organisation mobilisieren können.

6. *Betrachten Sie die neuen Arbeitsmethoden.* Am Mittwoch haben Sie Möglichkeiten kennengelernt, mit denen Kosten gesenkt und die Wirksamkeit erhöht werden können. Neue Arbeitsmethoden werden zu einer dauerhaften Minimierung des Energieverbrauchs führen und potentielle Umweltbelastungen reduzieren. Sie bedeuten aber auch, daß man alte Denkweisen ablegen muß:

   • Die Arbeitskräfte müssen nicht mehr ins Büro kommen.
   • Man muß Arbeitskräften vertrauen, auch wenn man sie nicht sieht.
   • Die Entfernung ist kein Hindernis für Kommunikation mehr.
   • IT stellt einen Kostenfaktor und keine Alternative mehr dar.

7. *Nutzen Sie die neuen Kommunikationstechnologien.* Die Konvergenz der Computer- und Telekommunikationstechnologie bildet den Kern der virtuellen Organisation durch die Dimension des Cyberspace. Unternehmen können schrittweise davon profitieren, indem sie folgendes einsetzen:

   • Notebooks für mehr Mobilität und das tragbare Büro

- Groupware oder Intranet-Technologie zur gemeinsamen Nutzung von Informationen
- Telekommunikation als Alternative zu Reisen

Cyberspace klingt vielleicht wie ein Begriff aus dem Bereich der Science Fiction, aber er existiert, und er ermöglicht eine fortlaufend verbesserte Widerspiegelung der realen Welt. Wenn wir aus den Fehlern, der Modewelle und den Versprechungen der Vergangenheit lernen, liegt darin der Schlüssel zu einer wirklichen Vorwärtsbewegung.

8. *Suchen Sie nach den richtigen Partnern.* Wählen Sie Partner mit Fähigkeiten, Ressourcen und Einstellungen, die Ihr Unternehmen ergänzen, und stellen Sie sicher, daß beide davon profitieren. Am Donnerstag haben Sie über die Konzepte des Föderalismus und der Subsidiarität gelesen: Was für das Unternehmen gut ist, sollte auch für den einzelnen gut sein und umgekehrt. Suchen Sie auf der einen Seite nach gleichen Werten, und überlegen Sie auf der anderen Seite, weshalb es eventuell schwierig sein könnte, mit einem Partner zusammenzuarbeiten und ihm zu vertrauen.

9. *Sorgen Sie für ein gutes Management der Mitarbeiter.* Gestern haben Sie die Auswirkungen der Virtualität auf die Menschen betrachtet. Management der Mitarbeiter umfaßt alle Schritte dieser Checkliste – von 1 bis 10. Es bedeutet, daß Sie aktiv werden müssen, um Unterstützung, Fortbildung und erneute Schulungen garantieren zu können, besonders wenn die Angestellten sich nicht am selben Ort befinden und wirklich die Gefahr der Isolation besteht. Sie dürfen die Bedeutung menschlicher Kontakte nicht unterschätzen, wenn die einzelnen Arbeitsplätze weit voneinander entfernt liegen.

10. *Setzen Sie sich mit paradoxen Aspekten auseinander.* Sie müssen sich klar darüber sein, daß Sie in Zukunft mit ebenso vielen, vielleicht sogar noch mehr Widersprüchen und Paradoxa zurecht kommen müssen als in der Vergangenheit:

- Informationen sind dazu da, um sie zu verbreiten, und sie sind *gleichzeitig* der Schlüssel zur Entwicklung der eigenen Organisation. Trotz aller verfügbaren Informationsquellen brauchen die Manager stärker als je zuvor die Fähigkeit, unter unsicheren Bedingungen Entscheidungen fällen zu können.

- Ein Management der Unsicherheit bedeutet, daß man Personen in einer risikoreichen Umgebung motivieren und *gleichzeitig* den einzelnen ermutigen muß, Eigeninitiative zu zeigen und seine Entwicklung in die eigene Hand zu nehmen, weil in der heutigen Zeit niemand mehr garantieren kann, daß man vor unsicheren Lebenslagen verschont bleibt.

- Der Wert der Erfahrung muß gegen die Bedeutung des Lernens und der Anpassung abgewogen werden.

- Lernen bedeutet anzuerkennen, daß es immer mehrere Arten und Unmengen an Informationen zu verarbeiten gibt, und es bedeutet auch, sich *gleichzeitig* der Tatsache bewußt zu sein, daß niemand alles wissen kann. Die Angst vor dem Eingeständnis des Nichtwissens muß einer ständigen Neugier Platz machen.

- Manager müssen wissen, wann – und welche Art – der elektronischen Kommunikation genutzt werden muß, und wann sie nicht geeignet ist. Cybermanie ist ebenso gefährlich wie Cyberphobie.

Die Technologie und ein innovatives Management liefern uns immer flexiblere Antworten. Es ist nun die Sache der praxiserfahrenen Unternehmer, die richtigen Fragen dazu zu stellen.

Barnatt, Christopher: *Office space, cyberspace and virtual organization*. Journal of General Management, 1995, Band 30, Nr. 4, Seite 78–91.

Byrne, John A., Brandt, Richard und Port, Otis: *The virtual corporation: the company of the future will be the ultimate in adaptability*. International Business Week, 08. Februar 1993, Nr. 3292, Seite 36–41.

Chesbrough, Henry W. und Teece, David J.: *When is virtual virtuous? Organizing for innovation*. Harvard Business Review, 1996, Band 74, Nr. 1, Seite 65–73.

Davidow, William H. und Malone, Michael S.: *The virtual corporation*. New York, Harper Collins, 1992.

Handy, Charles: *Ohne Gewähr: Abschied von der Sicherheit – Mit dem Risiko leben lernen.* Wiesbaden, Gabler, 1996.

Society of Management Accountants of Canada: *Virtual Corporations: How Real?* Hamilton, Ontario: Society of Management Accountants of Canada, 1993.